Manuel de transgression à l'usage de ceux qui veulent s'épanouir au travail

Pour ne plus souffrir au travail

Christophe Genthial est consultant, psychologue, clinicien du travail et coach certifié. Passionné par les ressources que le travail fournit à ceux qui savent les trouver, il n'oublie pas ses rencontres avec les accidentés de ce même travail, tous ceux qui un jour en sont tombés malades, et qui ont fait le pari – réussi – d'un nouveau départ.

Il intervient depuis plus de vingt-cinq ans auprès de directions générales, managers, salariés, représentants du personnel, d'abord comme consultant en organisation et conduite du changement chez Ernst & Young, puis comme consultant/expert en prévention des risques psychosociaux chez Secafi/Groupe Alpha.

Parallèlement à ces activités de conseil et de formation en entreprise, par nature collectives, il exerce une activité d'accompagnement individuel.

Remerciements

À tous les travailleurs d'exception qui m'ont inspiré, virtuoses dans l'art de la transgression vertueuse, et qui disposent à jamais d'une place à part dans mon collectif de travail... en particulier : Alexis, Bruno, Céline, Charles, Christine, Delphine, François, Gaëlle, Géraldine, Gilles, Hervé, Les Sardines Dynamiques, Olivier, Philippe.

À Flo, Christian, Besma, pour vos précieuses relectures.

À Raymond et Gaby G.

À Sandrine, et au partage confiant de nos boîtes noires.

« *Rien ne me fascine plus que le travail : je peux rester assis et le contempler pendant des heures.* »

Jerome K. Jerome
Trois hommes dans un bateau *(1889)*

« *Une société de travailleurs sans travail, dans laquelle plus personne ne fait œuvre de quelque chose mais où tout le monde œuvre pour gagner sa vie.* »

Hannah Arendt
Condition de l'homme moderne *(1958)*

Une procédure ne fonctionne que parce qu'on ne l'applique pas

« — Tu travailles ?
— J'essaie de travailler : c'est bien plus difficile. »

Jules Renard
Journal *(29 janvier 1898)*

Travailler, ou l'art de faire du zèle

4 mars 2019.

Des dizaines de kilomètres d'embouteillage, pour l'essentiel des poids lourds et leur chargement.

Des milliers de camions parqués en urgence dans des parcs improvisés.

Des donneurs d'ordres paniqués, qui gèrent tant bien que mal et à distance les chargements périssables immobilisés, et leurs chauffeurs dont il faut rendre ces temps de travail imprévus compatibles avec une législation qui, bien que complexe, n'a pas prévu cette crise.

Des autoroutes fermées en catastrophe.

Des frontières bloquées sine die, pour contraindre les poids lourds à faire demi-tour.

Des trains retardés de plusieurs heures, lorsqu'ils ne sont pas tout simplement annulés.

Des files d'attente sans fin dans les aéroports parisiens et régionaux.

Des retards qui se répercutent de vol en vol, jusqu'aux aéroports de destination, à l'étranger.

*

Nous nous trouvons au cœur de ce moment complexe et tendu, lorsque le Brexit continue sans fin de se préciser sans se décider.

Les représentants politiques nationaux européens et français se veulent rassurants. Ils répètent à l'envi que les douanes françaises sauront gérer le Brexit et ses conséquences, sans pénaliser les usagers.

Les agents des douanes – eux – ne partagent pas tout à fait l'optimisme de leur tutelle. Au point d'exprimer de plus en plus fort leur franche inquiétude sur la faiblesse du niveau de maîtrise réelle de la situation par les administrations.

Porteurs d'une mission de service public essentielle, les agents des douanes n'ont pas le droit de faire grève.

Ils peuvent en revanche décider d'appliquer plus strictement leurs consignes. Sans même avoir à tomber dans une exagération caricaturale, qui pourrait leur être reprochée, ils n'ont qu'à engager une démarche de « *contrôles plus renforcés* ».

Ce qu'ils font.

Ils se mettent à appliquer « pour de vrai » leurs consignes.

Mais faut-il alors comprendre qu'ils ne les auraient – jusqu'ici – pas, ou mal, appliquées ?

Nous pourrions le croire, si nous prenions au pied de la lettre l'instruction donnée par Bercy à l'époque, qui tente ainsi de stopper le mouvement. La voici, telle qu'elle est reprise par les voix syndicales : « *Le ministre* [des Comptes publics] *Gérald Darmanin vient de donner l'ordre officiellement de ne plus lutter contre la fraude sur l'ensemble du territoire* ».

Par sa réaction, Bercy aura permis aux syndicalistes de dénoncer une administration qui n'hésiterait pas à agir « *au mépris de la sé-*

curité des citoyens »… puisqu'elle leur donne l'instruction de… mal faire leur travail !

*

Avec cet exemple, parfait cas d'école d'une grève du zèle, on ne pourrait mieux illustrer qu'une « *procédure ne fonctionne que parce qu'on ne l'applique pas* »[1].

Respecter la procédure, autrement dit la consigne (ou la prescription, l'instruction, l'ordre, le mode opératoire, la règle, la fiche de poste…), à la lettre, c'est faire la grève du zèle.

Et faire la grève du zèle, comme le savent les douaniers et comme le subissent leurs usagers, bloque le système. Inévitablement. Parce que la consigne ne pourra jamais tout prévoir.

Se limiter strictement à l'application de ce que commande la procédure, c'est s'assurer de l'incompatibilité de notre travail avec la réalité telle qu'elle se présente à nous.

Pour « bien » travailler, il va donc falloir prendre des initiatives, le plus souvent dans l'instant immédiat de l'action.

Il va aussi s'agir de prendre des libertés avec la consigne, inévitablement, donc de la transgresser.

La réalité nous conduit à sans arrêt l'interpréter, de manière originale, ou à la compléter, à chaque fois qu'elle se trouve prise en défaut, sans réponse adaptée.

---

[1] Formule empruntée à Christophe Dejours, psychiatre, psychanalyste et professeur de psychologie, psychodynamicien du travail.

C'est dans ces moments que nous travaillons, en faisant du zèle, pour rendre la consigne compatible avec la réalité.

C'est grâce à ce travail, à ce zèle, que nous atteignons nos objectifs, tels que les prévoient les consignes.

Le terme de zèle[1] est particulièrement bien choisi, car il renvoie à la notion de créativité, de spontanéité, et de singularité. Car effectivement, lorsque je fais du zèle et que je travaille, j'invente, je m'engage volontairement : je fais à ma manière, toujours fondamentalement différente de celle d'un autre, même si je peux souvent être persuadé du contraire.

C'est ça, travailler : faire du zèle.

Et c'est ça, le travail : le zèle.

*

Malheureusement, plutôt que cette définition très pragmatique du travail, élaborée et formulée par la psychologie clinique du travail et l'ergonomie, le langage courant nous oblige à composer avec une somme d'usages du terme « travail », aussi imprécis que divers et éloignés de cette réalité.

On entend parler de travail comme d'une quantité (j'ai beaucoup travaillé), d'un résultat (quel beau travail), d'un emploi (je recherche un travail), d'un lieu (j'ai oublié mes clés au travail), d'un processus (ça me travaille), d'une utilité (ce travail n'aura servi à rien), d'une satisfaction (j'ai bien travaillé)... et cette liste n'est sûrement pas exhaustive.

---

[1] Terme retenu et développé par les psychodynamiciens du travail.

Cette pluralité d'usages n'est pas anodine, elle reflète tout simplement la place essentielle qu'occupe le travail dans notre vie, dans notre société et dans nos échanges.

Dans ce pêle-mêle sémantique se dessine l'image d'un travail comme clé d'un possible épanouissement autant que d'un possible épuisement.

On y voit aussi un travail au cœur des subordinations entre employeurs et employés, fournisseurs et clients... et plus généralement entre celui qui produit le travail et celui qui en est le destinataire.

*

Signe de la place centrale qu'occupe le travail dans notre vie, les sociologues soulignent avec justesse que notre profession est la caractéristique qui nous décrit le mieux.

Énoncer son métier convoque immédiatement un cadre social précis, et nous y installe : « je suis avocate », « je suis plombier », « je suis startuper », « je suis syndicaliste », « je suis directrice », « je suis prêtre », « je suis pompier », « je suis infirmier », « je suis comptable », « je suis gardien de prison », « je suis psychologue », « je suis directeur d'agence », « je suis travailleur social », « je suis commercial », « je suis enseignant-chercheur »...

Les données que nous associons à ce cadre sont probablement fausses... ou vraies... Peu importe, elles s'imposent instantanément, et deviennent les nôtres pour un temps, en attendant – peut-être – une validation ou une invalidation ultérieure.

Ce livre reconnaît cette place centrale du travail dans notre vie. À ce titre, il veut lui redonner son rôle d'instrument de réalisation de soi et d'épanouissement, par une synthèse d'apports choisis de la psychologie clinique du travail et de l'ergonomie, confrontés à l'expérience de plus de vingt-cinq années d'accompagnement de femmes et d'hommes au travail, où certains s'épanouissent, quand d'autres y souffrent.

Au fil de toutes ces années, au contact du travail sous toutes ses formes, et de ceux qui le réalisent, après des milliers d'entretiens, individuels ou collectifs, des milliers d'observations du travail aux côtés et avec les travailleurs eux-mêmes, je reste toujours stupéfié par ces fractures, si difficiles à réduire :

— Entre le monde des chercheurs et le monde de l'entreprise ; entre les démonstrations scientifiquement argumentées et les approches « prêtes à l'emploi », efficacement marketées, dont les recettes du « bonheur au travail » représentent (à mon sens) la pire des illustrations.

— Entre des managers et leurs subordonnés ; les seconds reprochant aux premiers de s'être transformés en « passe-plats » des projets ou des intentions des directions générales et des actionnaires, sans plus rien connaître des « vraies » difficultés du travail de terrain.

— Enfin, et plus simplement, entre ceux qui s'épanouissent au travail : engagés, fatigués sans être épuisés – ceux qui ne comptent pas leurs heures – et ceux qui les comptent, et consacrent celles qui leur restent à rêver d'une vie sans travail.

*

Pour avoir la chance d'intervenir auprès de DRH comme d'équipes opérationnelles, de directions générales comme de syndicalistes, de salariés comme de travailleurs indépendants, dans tous les secteurs d'activité, du médico-social à la logistique, d'ateliers de production aux sièges sociaux, de start-up à de grands groupes, privés et publics, j'ai remarqué ô combien ces oppositions sont frappantes tant elles sont des marqueurs de dysfonctionnements solidement installés. Des dysfonctionnements qui traversent tous les secteurs et tous les types d'organisations et d'institutions, semblant impossibles à maîtriser, tandis qu'ils débordent largement de la sphère professionnelle pour envahir la sphère personnelle.

Or si la recherche, les témoignages et l'observation montrent de manière flagrante combien le travail reste un facteur puissant d'épanouissement personnel… la réalité montre aussi que les « accidentés » du travail, et plus généralement ceux qui n'en ont pas fait l'expérience, ne parviennent pas, ne serait-ce qu'à envisager possible que le travail puisse déboucher sur un épanouissement personnel.

Pour ceux-là, le travail reste marqué par le tripalium[1], l'origine étymologique du mot travail, partagée par toutes les langues latines : un supplice inévitable, auquel n'échappe qu'une poignée de chanceux bien nés.

Dans la suite de ces pages, nous envisagerons le travail comme cette prise d'initiatives créatrice et personnelle pour passer de la consigne à la réalité : le zèle que nous développons pour faire que la procédure fonctionne, et pour produire ce « bon boulot » dont nous voulons être fiers.

---

[1] Le tripalium (dérivé des racines latines, « tri/tres » et « palis », littéralement, « trois pieux ») fait référence au support en croix sur lequel la victime était solidement attachée pendant qu'elle subissait des tortures.

Comprendre et s'approprier cette définition du travail, c'est progressivement sentir que le travail est un souffle, une respiration, qui nous permet physiquement, socialement, psychologiquement et cognitivement de respirer, de vivre, de grandir, bien au-delà de nos vies professionnelles.

Mais il s'agit d'un souffle aussi fragile et discret que puissant.

Il nous faudra d'abord le repérer dans notre activité quotidienne, puis l'animer (au sens propre de lui donner une âme, la vie), avant de l'entretenir (le maintenir vivant) et le faire grandir.

Ce travail, cette respiration, notre respiration, sont bien trop précieux pour que nous demandions à d'autres d'en prendre soin à notre place, et pour courir le risque qu'ils ne nous l'abîment, qu'il s'agisse de l'école, de l'entreprise, des institutions publiques.

Nous devons, chacun d'entre nous, absolument garder la main sur notre travail, comme nous le faisons avec notre respiration.

C'est ce vers quoi j'aimerais, avec ce livre et ce partage d'expériences, vous accompagner.

J'aimerais qu'en prenant conscience de ce souffle, vous vous découvriez progressivement l'envie ardente de travailler : jusqu'à votre dernier souffle.

Comme certains l'ont déjà découvert, qui sont objets de curiosité et d'envie de la part de ceux qui n'en ont pas encore fait l'expérience.

Quand travailler devient un plaisir

Difficile d'échapper à la créativité singulière du travail :

— Créativité, parce que c'est une invention, un processus complexe qui rassemble nos expériences et nos compétences, l'environnement tel qu'il se présente dans l'instant de l'action, et tout ce qui nous anime, consciemment, inconsciemment et physiquement.

— Singulière, parce que le travail que nous déployons pour répondre à ce qu'il nous est demandé de faire nous est strictement personnel.

Mais cela dérange, à une époque où l'on cherche à toujours plus harmoniser, coordonner et prescrire, dans une tendance qui s'oppose frontalement à cette caractéristique première du travail : nul ne travaille comme moi, et je ne travaille comme nul autre.

*

Imaginons que vous soyez responsable de la distribution quotidienne du courrier dans l'entreprise qui vous emploie.

Imaginons que j'occupe strictement la même fonction que la vôtre, dans un environnement et avec des interlocuteurs strictement identiques aux vôtres. Mais je suis moi. Vous êtes vous.

Nous commençons notre journée exactement à la même heure, au même endroit, avec la même consigne, la même fiche de poste. Nous disposons strictement des mêmes outils de travail, de la même formation, de collègues identiques. Nous aurons à circuler dans un espace de bureaux et de couloirs parfaitement semblables.

Dès le premier instant de cette journée de travail, rien ne se fera pourtant de la même manière entre vous et moi. Je ne rechercherai pas les mêmes échanges que vous avec mes interlocuteurs. Nous ne développerons pas les mêmes astuces dans notre recherche d'efficacité, pour organiser, optimiser notre tournée et l'enchaînement des remises de courriers.

Plus sportif peut-être, vous enchaînerez vos tournées plus rapidement, prendrez l'escalier. Peut-être fumeur et grand consommateur de café, j'organiserai quant à moi mes circuits de distribution pour me rapprocher des espaces fumeurs aux moments que je jugerai les plus judicieux.

Nous ne gérerons, ne classerons, n'anticiperons rien de la même façon.

Si nous demandions aux destinataires du courrier s'ils pensent que nous faisons le même travail, aucun doute qu'ils répondent par l'affirmative.

Alors que non, nous ne faisons pas du tout le même travail.

Là se loge une grande part du plaisir du travail : dans notre capacité à le mettre à notre main, selon nos envies, nos capacités, nos choix de réalisation, pour aboutir de notre point de vue à un travail de la meilleure qualité possible. Et dans lequel, surtout, nous saurons reconnaître notre « touche personnelle ».

Travail et zèle, cet espace entre la consigne et sa réalisation

Ce sont les ergonomes qui, les premiers, attirent notre attention pour nous engager à distinguer dans le travail :

—   La consigne, aussi appelée prescription.
—   La réalisation, résultat observable de la mise en œuvre de la consigne.

Le travail, nous disent-ils, regroupe « *tout ce qui se trouve entre les deux* ».

C'est à cet endroit, dans cet « espace » entre la consigne et sa réalisation, que nous logeons notre ingéniosité à travailler.

Cette ingéniosité regroupe tout ce que nous mobilisons, inventons, dans la situation qui se présente à nous, et avec tout ce qu'elle comporte d'imprévisible, pour réaliser la consigne.

La consigne voudrait-elle décrire la totalité des gestes, des actions à engager pour atteindre le but fixé, elle n'y parviendrait pas, incapable de prévoir l'infinité des possibles de la réalité.

Ce sont les travailleurs que nous sommes, par nos efforts, nos compétences, notre créativité, qui jouent avec la réalité pour nous approcher au mieux de la consigne, et souvent, même, la dépasser.

Le voici, finalement, le travail, ce jeu avec la réalité, guidé par la consigne.

Et rien d'autre.

Du zèle, du zèle, encore et toujours du zèle.

Que ça.

Peu de chose ?

C'est immense, au contraire.

Si je vous demandais, à l'instant, de bien vouloir me résumer ce que vous avez lu jusqu'ici de ce livre.

En vous précisant que vous devez strictement respecter la consigne suivante, toute la consigne, mais rien que la consigne :

« *Cher lecteur, peux-tu s'il te plaît me résumer ce que tu viens de lire ?* »

Vous devriez vous satisfaire de cette instruction, suffisante pour vous lancer dans ce travail de résumé.

Mais suffisante, ma consigne ne l'est pourtant qu'en apparence.

Car vous l'aurez en réalité très généreusement complétée sans vous en rendre compte, dans le cours de votre travail.

Ma consigne ne vous dit pas par exemple :

- Comment vous pourriez gagner le temps (même réduit) dont vous avez besoin pour organiser vos idées, et pour gérer un embarras probable face à un exercice qui vous a sûrement surpris...
- ... et d'ailleurs, êtes-vous à l'aise avec l'exercice du résumé de texte ? Et si vous ne l'étiez pas, comment allez-vous composer avec la gêne que ma demande – très « scolaire » – provoquera chez vous ?

- Et puis je ne vous ai pas non plus précisé sous quel mode je vous demandais ce résumé : par écrit (mail ou papier ?), par oral (un monologue ou un échange) ? Les deux ?
- Et ce résumé, vous faut-il le faire à la première personne, en votre nom, ou à la troisième personne, en vous exprimant au nom de l'auteur ?
- Et quelles sont les longueurs maximales et minimales attendues pour cet exercice ?
- Et quel est son objectif ? S'agit-il d'évaluer ce que vous avez compris du texte, mais alors pourquoi ? S'agit-il d'engager une discussion sur un autre point, oui mais alors, lequel ?
- Est-ce qu'il n'y aurait pas une forme de « piège » dans cet exercice, puisque vous n'en connaissez pas la finalité réelle, sûrement plus complète que la simple production de ce résumé ?
- Et par cette formule trouvée dans la consigne, d'un résumé de « *ce que tu viens de lire* », faut-il entendre ce que l'auteur a écrit, ou ce que j'en ai compris, ou ce à quoi j'adhère, ou ce qui m'a intéressé, ou ce que je crois utile de retenir ?... Et que dois-je faire de ce que j'ai lu et qui ne me paraît pas encore tout à fait clair ?
- Et tout simplement... comment allez-vous, méthodologiquement, faire pour rassembler vos idées : allez-vous prendre quelques notes ? Sur quel support ? De quelle manière ? Suivre le plan, avancer par grand thème, prendre les idées comme elles vous viennent ?
- Et sur quel ton allez-vous vous exprimer ?

Parmi toutes ces questions, certaines retiendront votre attention, certaines vous intéresseront ou vous stimuleront, certaines vous embarrasseront.

Mais à toutes ces questions, vous saurez apporter des réponses. Qui vous satisferont sans doute plus ou moins...

Grâce à l'ensemble de vos réponses, vous parviendrez à compléter la consigne par une masse d'initiatives qu'elle ne contenait pas. Ce sont ces initiatives qui vous permettront de faire – bien – ce résumé.

Formulé autrement : si vous vous étiez strictement contenté des éléments présents dans ma consigne... jamais vous n'auriez été capable ne serait-ce que d'initier l'exercice de résumé qui vous était demandé.

Pour donner une portée générale à ce que nous enseigne cette mise en situation simpliste, nous pourrions écrire que *les efforts que nous engageons pour travailler sont souvent vertigineux, lorsqu'ils sont rapportés à la pauvreté des consignes disponibles.*

Nous retrouvons, dans ces efforts, dans ce travail, ce que nous appelions plus haut le zèle. Et nous comprenons aussi pourquoi deux travailleurs n'appliquent jamais strictement à l'identique une même consigne : ils ne se posent pas les mêmes questions, ils n'y apportent pas les mêmes réponses, ils ne prendront pas les mêmes initiatives.

Regardons maintenant comment s'appliqueraient ces remarques, en nous penchant sur ces deux professionnels : un livreur à domicile, puis un directeur du contrôle de gestion.

*

— Le livreur à domicile

Il assure le chargement des caisses (remplies préalablement par des manutentionnaires, et regroupées par client) dans la camionnette qui lui est confiée, devant la grande surface où il est affecté en tant que sous-traitant.

Il doit assurer la livraison de ces caisses, selon un enchaînement de destinations préétabli informatiquement, en fonction des adresses et des temps de circulation évalués en partant du magasin et tenant compte du trafic estimé.

Au moment de la livraison au domicile du client, il encaisse le règlement des commandes, uniquement par chèque.

Mais aujourd'hui, la consigne ne prévoyait pas les problèmes de trafic, de stationnement. Elle n'avait pas non plus anticipé ce client qui n'avait plus de chèques pour le régler, pas plus que l'affectation à un mauvais client d'une caisse, et le changement d'adresse d'un autre, qui n'avait pas été enregistré...

Sur le plan personnel, la consigne n'anticipait pas non plus qu'il tombe amoureux la veille au soir, et qu'il ait toujours cette inquiétante et persistante douleur au genou qui le gêne, lorsqu'il manutentionne les caisses les plus lourdes.

*

— Le directeur du contrôle de gestion

On lui a confié parmi ses missions celle de préparer et de publier chaque fin de mois les résultats financiers de l'ensemble des sociétés que possède le groupe qui l'emploie.

Il doit donc, avec son équipe et avec l'aide de ses relais dans les filiales, collecter, puis contrôler, les données comptables du groupe, avant de les harmoniser pour les agréger et les transmettre au siège du groupe.

Il va lui falloir, c'est essentiel, respecter les échéances arrêtées avec tous les destinataires de ces données, dans l'entreprise comme à l'extérieur (banques, actionnaires, clients, fournisseurs...).

Le directeur du contrôle de gestion gère une petite équipe, et anime la communauté des contrôleurs de gestion des filiales.

Mais ce mois-ci, comme les mois précédents, la consigne n'a pas tout prévu... Par exemple, l'absence d'un des contrôleurs de son équipe, les erreurs d'imputation d'une filiale, les arrêts répétés du réseau qui ont considérablement ralenti les traitements, sa mobilisation sur un projet d'acquisition, la formation du nouveau contrôleur d'une filiale, les entretiens de recrutement de l'intérimaire qui remplacera le contrôleur absent, l'hyperinflation au Venezuela.

Sur le plan personnel, la consigne ne prévoyait pas non plus la grippe de sa fille et la soirée surprise organisée pour son cinquantième anniversaire la veille de l'échéance de l'envoi des comptes.

*

Ce directeur du contrôle de gestion et ce livreur de proximité ont-ils bien travaillé ?

Leurs supérieurs hiérarchiques répondront à partir de critères que l'on peut imaginer pouvoir être :

— Pour le livreur : pas de réclamations.
— Pour le directeur du contrôle de gestion : pas de retard dans la transmission des comptes.

Ces évaluations du travail (tel que le voient leurs hiérarchies) ignorent le travail (le vrai, le zèle) effectué : pour effectuer ces livraisons avec les inévitables aléas techniques ou humains, tels que ce genou douloureux, ou pour sortir des comptes avec une équipe réduite.

Sans ce zèle, ces deux professionnels n'auraient tout simplement pas pu réaliser la mission attendue d'eux, ou l'auraient réalisée partiellement, ou de manière dégradée.

L'organisation, la hiérarchie, l'environnement, les collègues ont-ils vu et reconnu ce travail ? Très probablement non.

Pour les deux intéressés, c'est pourtant ce travail qui compte le plus, et qui leur a demandé cet important effort d'engagement créatif, avec ce triple résultat :

— L'atteinte de l'objectif fixé.
— Un recours, dans l'action, à la recherche de solutions particulières pour répondre aux événements, eux aussi particuliers, qui se présentaient à eux.
— La satisfaction du travail bien fait, à la hauteur de leurs capacités et de leur investissement, dont ils peuvent légitimement tirer une certaine fierté.

Le fait est que le travail (le vrai, celui qui n'est pas inclus dans la consigne, mais attendu de l'initiative du travailleur) est le plus souvent peu visible, ou même invisible, à moins d'y prêter une attention très spécifique.

*

J'ai fini par me faire à l'idée, à force d'en faire le constat, que cette invisibilité du travail caractérise les plus beaux gestes métier : une remarque qui n'a rien de scientifique, soit. Mais à laquelle je n'ai toujours pas trouvé d'exceptions significatives.

À l'inverse, ceux qui travaillent le plus visiblement sont bien souvent ceux qui travaillent le moins, en « quantité » autant qu'en « qualité »...

Je vous laisse vous faire votre propre opinion sur cette dernière observation...

Débusquer le travail là où il se cache

Prenons ce cas réel, du directeur d'un site industriel, filiale d'un leader mondial du parfum et des cosmétiques.

Nous échangeons ensemble, quelques mois après sa prise de fonctions, sur les difficultés qu'il rencontre pour redresser le site. Nous procédons à une forme d'inventaire de ses manières de faire.

Il m'énonce très vite dans l'entretien ce principe qui guide fondamentalement son action : « *un bon manager ne court jamais* ».

Quelles que soient les circonstances, m'explique-t-il, le manager doit être en situation de rassurer ses équipes, quels que soient leurs métiers, leurs niveaux hiérarchiques. Pour cela, le manager ne doit jamais paraître pressé.

Soit tout le contraire de la réalité, car la multiplication des projets et des dysfonctionnements génère une vraie situation de crise, au centre de laquelle lui se trouve... littéralement enseveli sous les problèmes et les urgences.

Cette règle, il se l'applique d'abord à lui-même, au prix d'importants efforts : d'organisation, de prise en charge de son propre stress. En tant que premier manager du site, il se doit de ne jamais, absolument jamais, paraître débordé par la situation, pourtant critique.

Il compte ensuite sur la diffusion progressive de cette manière d'être, par une sorte de mimétisme ou de contagion, pour que l'ensemble des managers, puis du personnel, retrouve une meilleure maîtrise de la situation.

Courir, se presser, ce serait pourtant donner l'image (valorisante) d'un directeur occupé, préoccupé, en responsabilité, hyper investi. Mais ce serait surtout émettre un message inquiétant sur l'urgence de la situation et sur la gravité (pourtant bien réelle) de la crise en cours.

Nos échanges se déroulent dans un contexte particulièrement tendu. Le site, après avoir été l'objet de rumeurs de fermeture, vient finalement d'hériter de la fabrication des produits d'une usine voisine. C'est celle-ci que le groupe a décidé de fermer, ce qui sauve, au moins pour un temps, le site de notre directeur.

Il faut alors faire de la place pour l'ajout d'un tiers de machines supplémentaires dans un espace identique. Moins de place disponible par poste de travail, et une nécessaire optimisation des machines qui avaient été jusqu'ici toujours aménagées « en ligne » : désormais, toutes doivent être réorganisées en urgence pour prendre la forme d'un « U ».

Ce « U » permet de confier la ligne à un seul ouvrier plutôt qu'à deux comme cela avait été le cas jusqu'à présent. Le contenu des postes des ouvriers est revu en profondeur. Et par un effet de bord, toutes les tâches de l'usine doivent elles aussi être repensées, dans leur contenu comme dans leur ordonnancement : qu'il s'agisse des agents de maintenance, des conducteurs et des régleurs des lignes, mais aussi des approvisionneurs qui les alimentent en composants, ou des caristes qui évacuent les produits finis, mis sur palettes et stockés.

À cela vient s'ajouter le déploiement « d'Automatic Guided Vehicles » : les AGV. Ce sont des robots autonomes, qui remplacent une partie des caristes lorsqu'il s'agit d'approvisionner les lignes en pièces. Encore loin d'être correctement programmés, ils entraînent une quantité formidable de dysfonctionnements, dont le site se serait volontiers passé.

Dans l'atelier, les rencontres menées avec les équipes remontent quant à elles sans ambiguïté un très haut niveau de stress.

Toute l'usine exprime une incroyable fatigue, une épuisante usure, fruit des dernières années sans investissements et d'un manque de fiabilité des installations de plus en plus pénalisant.

Dans ce contexte d'extrême tension, l'atelier est gagné par une fébrilité devenue depuis longtemps contre-productive. Chacun investit un effort coûteux, épuisant, dans une sorte de suractivité de plus en plus inefficace, qui cherche à satisfaire deux envies.

L'envie de prendre sa revanche sur une hiérarchie, sur un site et un environnement que chacun juge responsables d'une sorte de maltraitance prolongée.

L'envie d'affirmer que la non-qualité du travail fourni par tous n'est pas de leur responsabilité individuelle : « *ça ne peut pas être de ma faute, regardez comme je suis actif !* »

Sur un site déjà dysfonctionnel du fait de ses transformations et de son historique, il apparaît une espèce de paradoxe étonnant : plus les équipes semblent affairées et donc au travail, plus le site dysfonctionne.

Aucun n'y échappe, des cadres du site aux ouvriers, en passant par tous les managers intermédiaires.

*

C'est dans ce contexte qu'arrive ce nouveau directeur « *qui ne court jamais* ».

Il ne prend d'ailleurs jamais non plus d'appel sur son portable lorsqu'il traverse l'atelier. Un portable qui sonne pourtant très fréquemment. Il est donc ainsi, dès qu'on l'aperçoit en dehors de son bureau, effectivement disponible pour qui le solliciterait : qu'il s'agisse d'un manager, d'un ouvrier, d'un employé, d'un intérimaire...

Tout cela complique assez significativement son organisation, puisqu'il lui faut décaler autant de tâches qu'il n'effectue plus dans ces temps morts, à l'occasion de ses déplacements dans les ateliers.

Au fil des entretiens et de l'avancement de l'intervention, nous avons pu constater combien sa posture avait des effets considérables sur la reprise en main de l'usine par les équipes.

Rares étaient mes entretiens au cours desquels des salariés n'évoquaient pas l'attitude de leur nouveau directeur, qu'ils jugeaient en maîtrise et à l'écoute de leur situation comme aucun de ses prédécesseurs ne l'avait été.

Tous ces salariés retrouvaient lentement, mais de manière tangible, le goût d'un travail (qui redevenait du zèle, grâce à ce nouveau directeur) dont la qualité s'accroissait. Avec un souci redécouvert de l'efficacité, et de l'envie de résoudre les problèmes plutôt que de s'en dédouaner.

Je trouve cet exemple savoureux car pour ce directeur, « ne pas courir » dans ce contexte de crise et d'urgence représente un travail colossal, parfaitement invisible de l'extérieur.

Il illustre efficacement l'erreur qu'il y a à réduire le travail à sa partie visible.

Ici, justement, l'enjeu même du travail consiste à paraître ne pas travailler lorsqu'on passe à proximité des équipes : montrer de la disponibilité, une gestion maîtrisée de son agenda.

Un travail d'autant plus difficile que ce directeur s'astreint à aller au bout de l'exercice : au-delà de l'apparence de calme, il s'agit – aussi et surtout – de se mettre en capacité effective d'engager un échange attentif avec celui ou celle qui l'interpellerait par exemple à la volée dans une allée.

Un autre client, dirigeant d'une usine pharmaceutique, travaillait différemment.

Soumis à une pression et à des exigences du même ordre, il se déplaçait au rythme auquel il les gérait : vite.

Lorsqu'il traversait les ateliers... il les traversait, au sens propre, disant bonjour à la ronde, sans s'arrêter.

J'ai ainsi été témoin de ce que des ouvriers m'avaient rapporté, mais que je n'avais dans un premier temps pas voulu prendre au mot : entendant quelqu'un leur dire bonjour, le temps de relever la tête de leur machine, ils ne comprenaient pas qui les avait salués. Il s'agissait de leur directeur, déjà passé dans l'atelier suivant.

Ne jamais se presser est pour notre premier directeur un vrai travail, qui comme la suite de l'intervention l'a démontré, a largement contribué à la réussite de la reprise en main des projets et de l'usine.

Les impatiences de ses prédécesseurs, jusqu'ici sources d'une « agitation » contre-productive, empêchaient les transformations de s'engager en profondeur.

Ce travail, invisible, a su donner aux autres initiatives du directeur toute leur portée. Il a permis de créer les conditions d'un accueil favorable et coopératif de la part des équipes aux actions de transformation.

Il se trouve que jamais aucune consigne n'a demandé à ce directeur de « ne pas courir », et encore moins de ne jamais répondre au téléphone lorsqu'il se déplace dans l'usine.

À l'inverse, à son niveau de responsabilité, un air « débordé » aurait sans aucun doute été le bienvenu.

« Ne pas courir » relève bien du zèle, fruit de sa créativité personnelle pour atteindre la consigne, qui porte sur le redressement de l'usine.

La manière d'atteindre cette consigne n'est formalisée nulle part, c'est au travailleur, ici le directeur du site, d'imaginer, de tester, d'amender, d'enrichir ses gestes professionnels.

Cette expérimentation au travail passe par des « *trouvailles* ». Ce qui a conduit des chercheurs, eux-mêmes zélés, à imaginer le terme « *trouvailler* » comme synonyme aux termes de zèle et de travail.

Sans ce travail, et ces « *trouvailles* », le site n'aurait sûrement pas été redressé si rapidement et si solidement.

*

Ce redressement, confirmé par les bons niveaux de production et de qualité retrouvés, permet aussi d'importants bénéfices sur la santé mentale et physique des équipes.

Et il se trouve que le travail et ses effets bénéfiques se propagent rapidement, par une contagion à laquelle, par chance, on n'échappe que difficilement.

La très grande majorité du personnel retrouve progressivement le plaisir d'innover dans ses manières de faire, d'imaginer comment appliquer au mieux les instructions, et le cas échéant comment les faire évoluer, par des initiatives personnelles de plus en plus partagées collectivement.

Captivant aussi d'observer comment en l'espace de quelques mois le regard que porte le groupe sur ces équipes évolue : avec la disparition des conflits interpersonnels et sociaux, les dirigeants du groupe oublient qu'ils reprochaient quelques mois plus tôt seulement à ces mêmes équipes leur résistance au changement.

Entre-temps, ces mêmes salariés ont tout simplement enfin trouvé une possibilité de travailler, et même de trouvailler, pour le plus grand bénéfice de tous.

C'est ce qu'avait compris le directeur du site.

*

Le beau travail aime souvent se faire discret.

Pendant que je me rappelais les échanges évoqués ci-dessus, de nombreux autres exemples me sont revenus...

J'ai repensé à un agent de maintenance des rotatives de l'imprimerie d'un grand quotidien national du soir.

L'impression de plusieurs centaines de milliers d'exemplaires du journal, en quelques heures quotidiennement, parfaitement calées entre le bouclage du journal et son chargement dans les camionnettes qui devront engager leur distribution, met une exigence extrême sur la disponibilité des machines. Et donc sur l'équipe de maintenance, prête à intervenir au moindre signalement de dysfonctionnement. Tout arrêt des rotatives (dont il faut imaginer que la superposition et la juxtaposition représentent le volume de ce que serait un immeuble de quelques étages sur quelques centaines de mètres carrés au sol...) a des conséquences catastrophiques sur la diffusion du journal, qui s'enchaîne dans un flux qu'on ne pourrait imaginer plus tendu.

Dans ce contexte, impossible qu'une panne ne soit pas réparée, au moins provisoirement, dans l'instant.

Les rotatives demeurent néanmoins anciennes, complexes, et très fortement sollicitées, autant que leurs organes mécaniques restent difficiles d'accès. La dangerosité des interventions n'est pas à négliger : s'approcher d'une rotative en fonctionnement, c'est prendre le risque qu'elle vous « attrape », au prix d'accidents dramatiques bien connus des imprimeurs.

Cet agent de maintenance partage avec moi le stress qui l'envahit dès que son téléphone sonne, pendant l'impression.

Il m'explique sa manière d'apaiser la situation, dès les premières secondes de l'appel. Ces secondes sont cruciales, m'explique-t-il : elles vont déterminer le succès ou l'échec de l'intervention qui va suivre.

Il faut dans ce court instant créer les conditions pour préciser par téléphone, avec l'opérateur de la rotative, les hypothèses justes sur les causes de la panne.

Ces hypothèses, il les met ensuite mentalement à l'épreuve, tout au long du trajet entre l'atelier de maintenance et le lieu de la panne. Ce temps, précieux, que l'on jugerait facilement gâché, re-présente au contraire un moment de calme « sanctuarisé » avant de trouver le stress, le bruit de l'atelier et l'action.

Ce trajet, il s'oblige à le faire en marchant aussi calmement que possible. Il parvient ainsi à gagner en lucidité. Son intervention a déjà débuté.

Dans ces circonstances, ne pas céder à l'urgence demande un ef-fort très important. Et s'il a l'air calme, s'il peut donner une im-pression de désinvolture, de ne pas travailler, il s'agit pourtant d'un des moments les plus intenses de son travail.

*

J'ai aussi en tête le témoignage du directeur juridique de la filiale française d'un groupe industriel international. Notre entretien s'interrompt quelques minutes après qu'il a débuté. Il est prévenu de l'arrivée de la brigade financière à l'accueil du bâtiment, pour une perquisition.

Il m'expliquera ce qui pour lui est le plus essentiel dans ces mo-ments d'extrême tension : ne jamais céder à l'empressement. Il se pose comme premier objectif de conserver tous ses moyens, pour ne pas diffuser de confusion aux interlocuteurs du groupe, qu'il avertit de la perquisition et auxquels il donne les premières ins-tructions avant l'arrivée des agents dans leurs bureaux... dans quelques minutes.

Chaque minute, chaque dizaine de secondes gagnée en allongeant le temps du trajet de l'équipe de la brigade de l'accueil de l'immeuble aux bureaux, ainsi que son usage, déterminera les conditions du début de la perquisition et de son déroulement ulté-rieur.

Ces stratégies doivent être suffisamment subtiles pour ne pas être décelables : hors de question de donner l'impression de freiner l'intervention. Être calme est essentiel, sans l'être trop. Rester bienveillant, sans paraître obséquieux. Et en permanence, orienter et piloter l'action qui se joue en arrière-plan dans les étages, qui doit rester invisible autant qu'efficace.

Le calme extérieur, qui permet d'accompagner les visiteurs dans un certain nombre d'étages, de bureaux, d'étapes qui n'ont d'autre utilité que de perdre du temps pour en gagner… est l'image absolument inverse du stress intérieur du directeur juridique au travail.

Un travail gigantesque, fruit de l'expérience et de trouvailles très personnelles. Parfaitement indécelable de l'extérieur.

À n'en pas douter, les agents de la brigade financière ont cependant eux aussi leurs astuces pour qu'on n'abuse pas (trop) d'eux. Entre professionnels, chacun dans sa position usera de toute son inventivité pour travailler au mieux de ce que les consignes attendent d'eux. En les « tordant » au maximum de ce que la correction et la légalité les autorisent à faire.

*

Vous l'aurez compris, il ne s'agit pas au travers de ces exemples de démontrer que le travail vise toujours à ne pas donner l'impression que l'on travaille. Bien sûr.

Ces exemples montrent qu'il ne faut pas confondre le travail que l'on fait avec le travail que l'on voit, qui en est le résultat.

Observateur du travail d'autrui, on n'en perçoit qu'une infime partie, qui ne reflète rien de l'ensemble d'élaborations et d'actions parfaitement intériorisées et personnelles dont il résulte.

Là se trouve notre travail. C'est à cet endroit que nous trouvaillons. C'est ici que les choses deviennent tellement compliquées, et surtout tellement passionnantes.

Ici que se trouve l'opportunité de l'épanouissement.

Ici qu'il faut aller le débusquer.

Il n'y a pas de sots métiers, mais il y a encore des sots qui l'ignorent

« Il n'est pas de punition plus terrible que le travail inutile
et sans espoir. »

Albert Camus
Le Mythe de Sisyphe *(1942)*

Mais pourquoi donc renoncer au plaisir de travailler plus ?

Nous ne travaillons plus assez, ce qui représente aujourd'hui un réel problème de santé (publique). En tout cas tant qu'il s'agit de travailler au sens de faire du zèle, et non pas d'accumuler des heures de présence.

Car ils sont nombreux, ceux qui travaillent beaucoup, dans son sens courant, qui y laissent du temps, de l'énergie, de leur santé, mais qui en réalité ne travaillent plus assez, dans le sens où ils ne trouvent plus dans leur activité professionnelle les occasions suffisantes de faire du zèle.

Dans cette situation, ceux qui s'obstinent à rapprocher temps au travail et rémunération s'égarent : parce qu'ils ont probablement oublié le plaisir qu'il y a à travailler.

Ils gagneraient à rapprocher temps au travail et plaisir au travail. La rémunération s'ajustera d'elle-même une fois le plaisir au travail retrouvé.

Cela revient dans un premier temps à s'économiser du temps au travail, pour le réinvestir dans du temps de zèle au travail : ceux qui en font l'expérience constatent rapidement combien ce mouvement ne réclame que très peu d'énergie.

Quand le temps au travail coûte, fatigue, parfois épuise, le même temps de zèle au travail nourrit, renforce, dynamise.

Mais peut-être n'ont-ils que trop rarement la chance de vivre l'expérience du zèle ? Peut-être font-ils partie de ces épuisés au travail, qui y ont passé trop de temps, sans pouvoir y développer leur zèle ?

Pour percevoir à leur juste mesure les bénéfices du travail, le plus efficace est d'observer ceux qui n'en ont pas, au sens même d'emploi. Sans travail aujourd'hui, je perds ma part d'identité la plus structurante, mon identité professionnelle.

Au mieux, j'endosse celle du « chercheur d'emploi », légèrement plus flatteuse que celle de « chômeur », mais si peu. J'endosse l'habit de la précarité, et je me prive, ou on me prive, de la possibilité de travailler, et au moins aussi important, de la possibilité de travailler collectivement.

Le chômeur souffre fondamentalement de l'absence de travail (avant même de l'absence d'emploi) et surtout de l'absence de collectif avec lequel élaborer et partager ce travail.

Ils existent bien sûr, ces inactifs épanouis en recherche d'activités, heureux, mais ils restent proportionnellement assez rares parmi les millions de leurs homologues qui – eux – subissent leur état de chercheur d'emploi.

L'expérience réussie, épanouie, de la recherche d'activité vient justement du fait que l'individu parvient à travailler, créativement, pour répondre à la consigne de l'élaboration d'un nouveau projet professionnel.

Ces individus parviennent à sublimer la consigne initiale qui se résume à trouver un moyen de subsistance, un emploi. Eux trouvaillent, pour construire d'une façon originale, qui leur corresponde, un projet qui dépasse la question de l'emploi. Ils engagent un lourd travail pour affiner leur employabilité, développer une offre personnelle, originale, pour ensuite apprendre à la vendre et à la soutenir.

Dans cette perspective, chercher un emploi devient en réalité un exercice passionnant. Ce qui – entendons-le – n'enlève rien à sa difficulté.

Le retournement de situation que provoque cette transformation de l'approche de la recherche d'emploi – pour l'avoir vécu, accompagné et observé – me fascine :

- Dès que l'on cesse de chercher un emploi...
- ... pour commencer à travailler sur ce que pourrait être l'activité cible dans laquelle nous aimerions nous réaliser.

La recherche d'un emploi exige un travail à part entière, incluant un immense volume de zèle.

Elle devient alors une insondable source d'épanouissement personnel, avant même de devenir la source d'un épanouissement professionnel.

Encore faut-il en prendre conscience.

*

Le contexte de fort chômage actuel complique malheureusement la situation de ces chercheurs d'emploi.

La pire souffrance n'est même plus d'être sans emploi ou sans activité, mais d'être privé de travail : lorsqu'il n'est même plus possible pour le chômeur de travailler à chercher un emploi, ou qu'il n'en a plus les ressources.

Parce qu'il n'existe plus d'emplois à pourvoir.

Cette situation tellement douloureuse se caractérise par un écart trop important entre la consigne (le retour à l'emploi) et la réalité (il n'y a plus d'emplois).

Tout travail pour trouver ou se créer une activité professionnelle devient vain.

*

Ce qui précède montre combien ne pas travailler est plus délétère, plus épuisant que de travailler, à condition qu'en parlant de travail, il s'agisse bien de faire du zèle : l'enjeu n'est pas de passer plus ou moins de temps au travail. Tant que nous n'avons pas fait de notre travail l'occasion d'y faire du zèle, nous ne nous y épanouirons pas. Nous nous y épuiserons.

Le salaire n'a qu'un rapport assez lointain avec notre équation personnelle par laquelle en réalité nous cherchons à équilibrer travail et épanouissement.

L'enjeu est de travailler autant qu'il nous est possible de le faire !

Tant qu'il s'agit de zèle.

Quitte à gagner moins ? Et pourquoi pas. Ceux qui font ce choix ne sont plus si rares.

Ils s'appellent les frugalistes, et mettent en application leur désir de cesser de passer leur vie à la gagner, pour en profiter. Cela demande une importante créativité : pour minimiser ses besoins et maximiser ses revenus, tout en restant connecté à cette envie de ne conserver que des activités porteuses de sens.

On ne retient souvent de ces frugalistes que cette formule qui résumerait leur ambition : « *prendre sa retraite à 40 ans* ». Les commentateurs pressés y voient de prime abord une forme de paresse, de rejet du travail.

J'y entendrais plutôt le refus d'une vie gâchée par un travail « sans zèle », remplacée bien au contraire par un travail gigantesque pour parvenir à cette frugalité heureuse, au prix d'un zèle considérable !

*

Vérifions tout de même une dernière fois qu'il n'est pas plus épanouissant de moins travailler ?

Travailler, c'est donc faire du zèle.

Ne plus travailler, c'est donc faire la grève du zèle.

Rappelez-vous : il s'agit d'appliquer la consigne, la procédure. Strictement. Rien de moins. Rien de plus. En s'abstenant de toute initiative susceptible de la rendre plus efficace.

Avez-vous déjà fait la grève du zèle ?

Probablement.

À défaut, vous avez sûrement déjà entendu des grévistes du zèle. On les repère à leur manière de se vanter – avec une certaine aigreur – que « *moi, je fais le minimum, rien de plus, ils m'en ont trop fait voir, ils ne m'auront plus* » ; ou de déclarer que « *de toute manière, l'heure c'est l'heure, je ferme mon PC et je rentre, ce qui n'est pas fait attendra, je m'en f... * » ; ou d'expliquer que « *moi, le soir, dès que j'ai claqué la porte du bureau, je laisse les problèmes derrière moi, pas question de penser une minute de plus au boulot* ».

*

Imaginez-vous faire la grève du zèle : quels efforts – inhabituels et contre nature – pour vous retenir d'apporter le bon conseil, de faire le bon geste, de prendre la bonne initiative, de relancer le dialogue comme vous en avez envie dans l'instant…

Imaginez-vous en train de refouler l'élan spontané qui vous permet de « faire du bon boulot », et parfois même « le meilleur boulot possible »… pour au contraire, vous forcer à agir a minima, en vous freinant, en sachant que vous dégradez la qualité de votre travail !

Méfiez-vous – toujours – de ceux qui affirment avoir réussi à prendre leurs distances avec un travail devenu trop difficile à supporter.

Leur apparente confiance en eux masque – presque – toujours une difficulté au travail, mal supportée. Un gréviste du zèle agit contre sa nature. Il s'engage contre son envie de travailler, et contre lui-même, ce qui fondamentalement ne peut – à la longue – que l'amener à en souffrir.

Et comme on ne naît pas gréviste du zèle, on le devient à l'usure, après avoir déjà souffert de ne pas avoir pu suffisamment travailler : les grévistes du zèle sont déjà en souffrance lorsqu'ils le deviennent.

La grève du zèle viendra ajouter de la souffrance à la souffrance.

Faire la grève du zèle est l'ultime expression de la détresse au travail.

Résister à son envie de travailler revient à s'interdire le plaisir de faire du bon boulot.

Sur la carte du travail, le gréviste du zèle s'installe strictement à l'opposé du directeur qui ne court jamais : lorsque le directeur travaille avec zèle pour donner l'impression de ne pas trop travailler... notre gréviste du zèle, lui, s'épuise à travailler pour donner le moins de zèle possible à son employeur.

Nous continuerons d'éclaircir cela, plus loin, lorsque nous décrirons plus en détail les subtiles manœuvres des grévistes du zèle, qui finissent par saboter le travail... aussi doués pour saboter qu'ils sont eux-mêmes égarés et en souffrance.

*

Mais dans l'immédiat, en cherchant encore à répondre à la question de savoir s'il vaut mieux travailler plus ou moins... je pense aussi à tous ceux qui m'ont confié – avec toujours une grande prudence – : « *Mon problème, c'est que je n'ai plus assez de boulot. Je l'ai dit une fois, deux fois, trois fois... Ça n'a rien changé, on n'a pas voulu m'écouter pour traiter la question avec moi. Maintenant je n'ose plus le dire ou ça va se retourner contre moi. J'ai des heures, parfois des demi-journées d'inactivité... Je deviens fou.* »

Ces salariés accumulent dans cette position une triple souffrance :

— Celle de l'ennui et de l'absence de travail,
— du refus de l'environnement d'en discuter avec eux,
— et de la crainte de la perte d'emploi, dans le contexte de fort chômage actuel.

Il faut d'ailleurs se rappeler que la pensée commune associe stress ou épuisement professionnel à une surcharge de travail. Cette même pensée commune s'attarde plus facilement sur le sort des « surchargés de travail » que sur celui des « sous-chargés de travail ». Elle s'égare.

Les modèles et les questionnaires d'évaluation du stress, comme le plus courant d'entre eux, le modèle de Karasek, alertent autant sur la dangerosité de la suractivité que sur celle de la sous-activité.

On observe toutefois un gain de notoriété du terme « bore-out » (souffrance due à l'ennui au travail), qui peut-être un jour rattrapera celle du terme « burn-out ». Si la pensée commune s'égare parfois, on lui reconnaîtra donc sa capacité à lentement s'ajuster à la réalité.

Garder vivant le travail

Retenons déjà que travailler ne rend pas malade.

Bien au contraire, travailler est un souffle : qui nous permet physiquement, socialement, psychologiquement et cognitivement de respirer, de vivre et de grandir. De nous épanouir.

La question fondamentale pour nous maintenir en bonne santé, mentale et physique, n'est donc pas de savoir comment travailler plus, ou travailler moins... Il s'agit essentiellement de parvenir à nous donner les moyens de pouvoir travailler autant que possible, tant qu'il s'agit par notre travail de trouver le moyen de faire du zèle, marqueur de notre latitude à pouvoir composer avec la consigne et la réalité de l'action.

*

Si ne plus pouvoir travailler rend malade, nous avons tous fait l'expérience de la fatigue et des déceptions au travail.

En travaillant, nous acceptons notre mise à l'épreuve, à chaque instant, organisée par le monde réel : celui du client exigeant, de la machine qui résiste, de la météo inattendue, de la réglementation limitante, de la compétition, de la rivalité avec nos pairs, du regard des autres...

Cette liste est infinie. N'oublions pas d'y inclure nos freins les plus intimes, fruits de notre histoire personnelle, familiale...

Faire du zèle est éprouvant et nous use dans toutes nos dimensions : physiquement, psychiquement, cognitivement, socialement.

Si travailler nous fait goûter à l'expérience de la réussite, grâce à lui nous goûtons aussi à l'amertume de l'échec...

Et si articles, ouvrages, vidéos, auteurs et conférenciers nous encouragent à apprendre de nos erreurs pour en faire de futures réussites, assumons humblement qu'une fois les deux pieds dans l'échec, ces enseignements ne nous sont plus d'une grande utilité.

Travailler, enfin, c'est constater lucidement que face au risque du succès ou de l'échec, nous ne sommes pas égaux. Travailler nous oblige à prendre notre mesure, par comparaison à la mesure de ceux qui travaillent à nos côtés.

*

Cela précisé, n'oublions surtout pas que si travailler est risqué, c'est aussi et essentiellement répondre à un besoin vital de réalisation et d'épanouissement.

Ce travail nous est vital, car en dépassant la résistance de la réalité, nous apprenons. Nous inventons de nouvelles manières de faire. Et lorsqu'elles fonctionnent, nous les faisons nôtres en attendant de les réutiliser.

C'est ainsi que le travailleur s'épanouit, se développe.

C'est aussi de cette manière que le travail lui-même se développe, en s'enrichissant à chaque fois qu'un ajustement est nécessaire pour répondre à une variante encore inconnue imaginée par la réalité.

En nous laissant travailler de la sorte, et développer notre zèle, la hiérarchie permet au travail de se développer : le travail de chacun, d'abord, puis le travail de tous, collectivement.

Car vient le temps où nous parvenons, ensemble, à consolider nos expérimentations, nos innovations individuelles, pour les fondre dans de nouvelles pratiques collectives adoptées et mises à l'épreuve de la réalité jusqu'à leurs prochaines évolutions : l'organisation devient apprenante, au profit d'absolument tous ses acteurs.

C'est à ce mouvement que l'on reconnaît que le travail est vivant, autant que ceux qui le réalisent et que l'institution qui l'organise.

*

Rappelons la définition du travail, vue précédemment : « *le travail, c'est tout ce qui se trouve entre la consigne et sa réalisation* ». Le travail est vivant, dès lors qu'il parvient à occuper un espace le plus large possible entre la consigne et la réalité, à se renouveler en permanence, au fil de nos confrontations de travailleur avec la réalité.

Nous sommes des travailleurs vivants, dès que nous avons la possibilité d'investir au mieux cet espace entre la consigne et la réalité, pour y glisser nos manières de faire, renouvelées et enrichies au fil de nos expériences : réussies autant que ratées.

Le travail, lorsqu'il est vivant, nous fait grandir, sortir de nous-mêmes, nous dépasser.

Nous nous y épanouissons.

Tout simplement.

Les décideurs seraient-ils les seuls à s'épanouir ?

Sollicitons à nouveau la pensée commune, qui s'obstine bien trop souvent à distinguer, lorsqu'elle ne les oppose pas :

— D'un côté, les postes « d'exécution » : métiers pour lesquels la question de l'épanouissement du travailleur ne se pose pas. Ce sont les « sots métiers ».

— De l'autre, les postes plus « nobles », parfois appelés postes « de décision » : il y est généralement demandé de faire preuve d'initiative. En contrepartie, ces postes promettent un certain épanouissement.

Il existerait donc des métiers sots. Et d'autres qui ne le seraient pas.

Des postes sots qui condamneraient ceux qui les occupent à l'ennui et à la démobilisation, à l'opposé d'autres postes qui offriraient l'opportunité de l'épanouissement.

Cette affirmation comporte une part de vérité : il existe des métiers dans lesquels il est plus ou moins permis de s'épanouir.

Elle entretient en revanche une idée dangereuse, pour l'entreprise comme pour les salariés concernés, qui en viennent à croire que s'il existe de sots métiers, il s'entend logiquement que ceux qui s'y trouvent sont eux-mêmes sots, ou le sont devenus.

Cela, par certains côtés, offre quelques avantages.

Entériner que ces métiers sont sots, faits pour des sots, c'est accepter comme une fatalité cette situation, et légitimer qu'on renonce à demander à ceux qui occupent ces postes d'y introduire du zèle, leur zèle.

Cela revient à accepter qu'à ces postes où l'on ne peut que s'ennuyer, on ait même l'interdiction de s'épanouir.

L'individu n'y apporterait finalement que sa force de travail (saisir des données, porter des charges, ranger, classer, surveiller...), en échange d'une rémunération et de protections (sociales en particulier).

L'environnement se convainc même jusqu'à un certain point que ceux qui occupent ces postes n'aspirent pas vraiment à évoluer vers de moins sots métiers. Par manque de compétences, de dynamisme, de volonté, d'ambition, de capacités...

Les sots métiers se définissent en général comme ceux pour lesquels la consigne parvient à préciser l'ensemble des actions attendues de l'individu.

Le travailleur, dans ces sots métiers, est un exécutant, car il est soumis à une consigne suffisante au bon accomplissement du travail.

*

La réalité est heureusement tout à fait autre.

La pensée commune, en s'égarant, nous égare.

Il n'existe pas de sots métiers.

Ou, pour être plus juste, il ne devrait pas en exister.

*

Lorsque la hiérarchie tente à l'excès de nous transformer en exécutants, ses consignes ne parviennent heureusement jamais à disposer de l'intégralité de notre capacité à travailler.

Il reste toujours quelque part, ne serait-ce même qu'une infime part de zèle, que nous ne céderons pas.

Cette mince, minime trace de zèle, c'est le coquelicot, première trace de vie à réapparaître après la bataille, qu'il semble impossible d'empêcher de renaître.

À trop vouloir empêcher une équipe ou un individu de faire du zèle, on les prépare à un jour craquer, et sans le vouloir, à réinvestir leur travail autrement, pour échapper à une consigne devenue étouffante.

Alors, soudain, le travail devient sabotage.

Un sabotage subtil extrêmement difficile à repérer, car il respecte – de l'extérieur – toujours la consigne.

L'être humain est aussi ingénieux lorsqu'on le laisse spontanément satisfaire son envie de faire du bon boulot... qu'il devient ingénieux lorsqu'il décide malgré lui de faire – par-derrière – du sale boulot... en devenant gréviste du zèle.

Attention, il ne s'agit pas – évidemment – d'un sabotage calculé et volontaire, dans son sens premier.

Il s'agit ici d'un sabotage engagé malgré soi, par dépit, par résignation. D'un acte de résistance, de désespoir, pour se protéger, avant un ultime effondrement.

Saboter la qualité de notre travail nous fait agir à l'inverse de nos besoins fondamentaux. S'engager sur cette voie impacte inévitablement la santé de celui qui s'y aventure.

*

Toutes mes interventions dans des équipes en crise confirment combien sur ces questions, la théorie rencontre tristement la réalité. Tous les entretiens, toutes les observations révèlent la subtilité discrète dont sont capables ceux qui, faute de pouvoir encore « bien travailler », commencent à mal faire, mais dans le respect des consignes.

Ces pratiques sont presque toujours absolument invisibles du management, puisque la consigne est respectée.

Leurs auteurs évitent de les partager avec leurs collègues, même si ces derniers les connaissent en général, puisqu'ils les pratiquent souvent eux-mêmes. Tous en ont honte, et les cachent aussi à leurs proches, leur famille, leurs amis.

Au cours de mes entretiens avec eux, il a fallu une confiance bien installée pour que ces pratiques me soient dévoilées.

Les salariés qui ont accepté de partager leur culpabilité et leur honte de ces pratiques disent en souffrir profondément. La fatigue psychologique et l'usure mentale se mélangent à une fatigue physique dont les symptômes sont divers et se cumulent le plus souvent : insomnies, syndromes dépressifs, perte de poids, maux de dos...

Quand le travailleur devient saboteur

Rappelons-nous le caractère irrépressible de notre envie de travailler, de faire du zèle, cette pulsion qui, si elle est empêchée, sera refoulée.

Refoulée, mais sans jamais pouvoir être supprimée ni oubliée.

Le refoulement a cette particularité que ce qu'il s'agit de cacher continue d'agir et parvient toujours à se montrer malgré nous. Le rêve, les actes manqués (dont le lapsus est le plus connu), sont ces manifestations d'un contenu refoulé qui, faute de pouvoir s'exprimer tel qu'il est, y parvient finalement par un chemin détourné.

C'est ainsi que lorsque nous refoulons trop longtemps notre zèle, celui-ci se rappelle à nous.

C'est ce qui se produit chez notre gréviste du zèle, qui au fil du temps se transforme en saboteur.

Lorsque son travail est trop longuement maltraité par l'organisation dans laquelle il se trouve, le travailleur finit par entrer en résistance. À défaut d'investir son travail dans la recherche du meilleur moyen d'atteindre ses objectifs, il l'investit dans la préparation de sa grève du zèle : faire du zèle, pour devenir un gréviste du zèle aussi efficace que possible, ou l'art d'un sabotage qui ne dit pas son nom.

La grève du zèle devient un refuge – douloureux – lorsque notre créativité au travail est trop systématiquement empêchée.

Le gréviste du zèle va néanmoins tout organiser pour minimiser le risque d'être pris en faute (« *j'ai fait ce qu'on m'a dit de faire* »), ce qui va lui demander de gros efforts de créativité.

Au cours de toutes mes interventions dans des situations de ce type, et quelle que soit la nature des institutions ou des secteurs d'activité concernés, les témoignages des grévistes du zèle sont édifiants !

Édifiants en ce qu'ils démontrent une habileté stupéfiante à générer de manière invisible des effets très significatifs en termes de coûts comme de dysfonctionnements pour l'organisation.

Lorsque la grève du zèle se généralise à l'échelle d'un service, d'un établissement, d'une entreprise, les dysfonctionnements fleurissent tandis que pourtant l'activité semble réalisée selon les règles attendues.

On observe aussi dans ces situations des managers qui ont à ce stade perdu le contact avec la réalité du terrain et les contraintes les plus opérationnelles du travail de leurs équipes.

Car les managers notent bien une dégradation générale de la performance, mais ils ne parviennent pas à en saisir l'origine. Impossible pour eux de trouver le point d'entrée qui leur permettrait de travailler concrètement à y remédier.

Ces managers partagent pourtant leurs interrogations avec leurs équipes, et en témoignent : « *d'un côté, les membres de l'équipe n'arrêtent pas de se plaindre, entre eux ; de l'autre, lorsque je leur pose la question, ils me disent qu'il n'y a pas de problème* » ; « *j'organise des réunions de service ; quand je leur demande s'ils ont des questions ou des problèmes, ils n'en ont pas, tout va bien* ».

Dans ces périodes de crise, les silences prolongés lors des réunions d'équipe et l'absence de participation (une autre manière de faire la grève du zèle) se généralisent.

Faute de parvenir à saisir le sens de la situation, le plus souvent, les managers relativisent les malaises créés par ces silences.

Il faudrait pourtant les relever.

Bien au contraire, la pratique me conduit à penser qu'il faut prendre l'apparition de ces silences comme un signal très inquiétant, à ne surtout pas négliger.

Car il y a toujours à parler du travail, même lorsque « tout va bien ».

Heureusement, ceux des managers qui s'inquiètent de ces silences ont – eux – perçu l'anomalie de la situation. À défaut cependant de bien savoir quoi en faire.

Ces silences sont les signes manifestes de la position défensive de salariés qui protègent leur grève du zèle, c'est-à-dire leur sabotage de l'activité.

*

En se transformant en gréviste du zèle, le travailleur teste aussi les limites de l'organisation et de sa hiérarchie : jusqu'où va-t-il pouvoir pousser son sabotage du travail ?

Ce faisant, il est alors, sans en avoir conscience, en train de se remettre à travailler : il fait à nouveau du zèle, mais de manière « mortifère », en abîmant son travail et celui du collectif.

Ce processus va se poursuivre et s'enrichir, s'installer, pour permettre au saboteur zélé de gagner en efficacité autant qu'en discrétion, pour saboter prioritairement le travail de ceux qu'il aura désignés comme responsables de l'empêchement de son travail : ses chefs sûrement, ses collègues peut-être, son voisin de bureau, une autre équipe, l'open-space voisin, un fournisseur...

*

Prenons le cas de cet agent de maintenance, régleur sur un site de plasturgie.

Il est affecté au réglage des presses. Usé, épuisé à force de supporter des injonctions managériales qu'il juge contradictoires et de plus en plus éloignées du terrain, il s'engage dans un premier temps dans une forme de résistance, qu'il décrit comme un « désengagement progressif ».

Il s'efforce d'en faire « le moins possible ». Il s'oblige aussi à se détacher de plus en plus de sa vie professionnelle. C'est difficile, explique-t-il. Toujours insatisfaisant. Il regrette le plaisir qu'il a eu par le passé à s'investir dans ce métier qui le passionne, et qui s'apprend au fil des années grâce – justement – à cet indispensable engagement personnel.

Il est très compétent techniquement, indispensable au bon fonctionnement de l'atelier, et puisque le management ne paraît pas réagir, il va commencer à bâcler son travail.

Et de plus en plus. Parce que rien ne change, bien qu'il ait déjà commencé à faire du « sale boulot ».

Sa hiérarchie reconnaît toujours autant ses compétences, peut-être aussi parce qu'il fait partie des très rares profils indispensables pour assurer les réglages des machines les plus complexes.

Est-ce donc parce qu'on n'ose pas lui faire de reproches ?

Ou bien parce que les managers ne comprennent finalement rien, ou disons pas grand-chose, au fonctionnement et au réglage des machines ?

Il relève que les managers fixent des règles dont ils ne maîtrisent pas les effets. Il constate que le management, surtout, n'est plus du tout en capacité de se représenter un minimum la réalité du travail du terrain, et celui des régleurs en particulier.

Les nouvelles consignes le gênent toujours plus dans son travail. Il cherche, mais ne comprend même pas quelle pourrait être leur utilité pour ses managers, la direction, le site, le groupe...

Il se sent, avec tout son environnement professionnel, glisser en « Absurdie »...

Le groupe des régleurs dont il fait partie tente d'abord de signaler les incohérences des consignes. La hiérarchie interprète leur geste comme de la résistance au changement.

Progressivement, sans se concerter, chaque régleur va développer, puis accentuer sa grève du zèle, et généraliser ces sabotages qui visent – par désespoir – à abîmer le travail.

Toujours discrètement, invisiblement...

Ils parviennent même à donner le change : les managers leur redisent combien ils comptent sur eux, combien ils les trouvent motivés et investis... Les régleurs ne comprennent plus rien à la situation.

Les managers pensent bien faire lorsqu'ils répètent aux régleurs qu'ils les apprécient, espérant ainsi les rassurer, les motiver, après avoir senti qu'effectivement il se « *passe quelque chose* »... mais sans comprendre quoi.

Ils pensent les motiver ? Ils font l'inverse, en révélant leur ignorance de ce qui se joue autour des machines. Ce qui ulcère toujours plus les équipes.

Concrètement, les régleurs (individuellement, et confidentiellement) m'expliquent par exemple qu'ils s'arrangent régulièrement pour :

— Retarder les interventions des opérateurs avec lesquels ils ne s'entendent plus, même lorsqu'elles sont urgentes. Il suffit de prolonger inutilement l'intervention en cours. Ou de se placer dans l'un des « angles morts » de l'atelier.
— Mettre en difficulté leurs chefs (qu'ils jugent responsables de leur situation). Il suffit de les solliciter sur un sujet technique dont ils savent qu'il les dépasse. Le chef hérite d'un problème, qui le préoccupera d'autant plus qu'en attendant sa réponse, la ligne de fabrication à l'arrêt restera à l'arrêt.
— Bâcler une intervention, lorsque l'irritation est trop importante. Il en résultera très probablement un arrêt supplémentaire de la machine, ou des problèmes de qualité. Tant mieux... Ça n'est plus leur problème.
— Abîmer des pièces des machines, dont la réparation peut dans certains cas être très onéreuse. Tant pis... C'est plus fort qu'eux, et ce type de dégradations peut avoir de multiples origines, qui n'impliquent pas a priori le régleur.

— ... et bien sûr, autant qu'ils peuvent, créer de l'incompréhension dans l'atelier, et entre les autres services, par la diffusion d'informations tronquées ou retardées...

Dans l'usine, et dans cet atelier, les régleurs ne sont pas les seuls pris dans cette spirale mortifère de l'autosabotage. Des opératrices font fonctionner les lignes. Une nouvelle consigne prévoit un contrôle qualité à chaque seau de pièces rempli. Et uniquement lorsque le seau est rempli.

Toutes m'expliquent qu'elles ont appris avec le temps et jusqu'à cette consigne à identifier très en amont les défauts de séries.

Grâce à cette expérience, dès les premières pièces fabriquées tombées dans le seau, elles repèrent très fiablement la présence de défauts : un simple coup d'œil, même d'un peu loin, entre deux autres opérations...

Lasses.

Puisque la consigne demande d'attendre la production d'un plein seau, elles attendront. Et résistent donc à leur ancienne habitude de stopper la machine dès les premières pièces produites avec des défauts.

Elles n'agissent qu'une fois le seau plein. Ce qui entraîne la mise au rebut de milliers de pièces à chaque défaut : tout le seau est alors à jeter.

Tous ces témoignages, lorsqu'ils sont partagés, sont marqués par l'expression du mal-être de leurs auteurs, honteux de leur comportement.

Ils souffrent d'autant plus de la situation qu'ils comparent leurs agissements actuels à la qualité du travail qu'ils ont su atteindre toutes les années précédentes.

Ils ont aussi à l'esprit tout ce qu'il « suffirait de faire » si on les laissait seulement travailler.

*

Cette souffrance reflète la somme des frustrations refoulées, à chaque fois qu'il leur a été refusé de satisfaire leur envie de faire du bon et du beau travail.

Ces sabotages sont l'expression visible d'une violence ressentie, d'abord refoulée, avant d'être exprimée, adressée à l'organisation et à la hiérarchie, autant que retournée contre eux-mêmes.

De son côté, le management de l'atelier « sent » que l'activité souffre de tensions, mais sans parvenir à en comprendre l'origine.

Sans autre possibilité que de rester à la surface des événements, le management attribue en général ces tensions à des « *problèmes interpersonnels* », à des « *situations individuelles* », à des « *problèmes de personnalités* ». La situation est très fréquemment caricaturée en la ramenant à des « *comportements de cour d'école* », à des « *enfantillages* », à des « *gamineries* »... Autant d'expressions parfaitement typiques et symptomatiques de ce type de situation.

Deux orientations s'offrent au manager. Il peut sanctionner, mais s'il craint d'aggraver la situation par la sanction, il préférera fermer les yeux.

Le plus souvent, le management, avant toute autre tentative, rassure, communique sur ce qui va bien, sur un succès ou un progrès, sur le rappel de la confiance qu'il dit continuer d'accorder aux équipes...

... avec un résultat obtenu à l'opposé de celui escompté : les salariés se découragent de plus en plus devant la cécité de leurs managers, qu'ils constatent incapables d'envisager l'ampleur du sabotage qu'ils ont développé.

Le travailleur abîmé, victime d'un travail abîmé

Dans ces contextes, alors que nous pensons faire face à un travail abîmé par les salariés, une analyse plus fine nous montre surtout un travail abîmé qui finit par abîmer les salariés

L'urgence c'est la réparation et le soin à apporter au travail, et non aux travailleurs.

Cette formulation des choses peut manquer de clarté, lorsque l'on n'en est pas familier. Pour dire les choses autrement, il s'agit de se concentrer sur le travail, et non sur les travailleurs, pour que tout rentre progressivement dans l'ordre.

Il pourrait ici s'agir par exemple de prêter une plus grande attention aux envies de bien faire des régleurs et des opératrices. De mieux accompagner les débats contradictoires inévitables entre les contraintes « d'en haut » et celles « d'en bas ».

Ces discussions permettront d'accorder avec une meilleure intelligence le travail de la hiérarchie avec celui des salariés qui se trouvent auprès des machines.

Le sabotage, les tensions interpersonnelles disparaîtront – en règle générale – très rapidement dès que le travail aura retrouvé sa vitalité. Ce sera le signe que de l'innovation, du zèle, de la créativité se développent à nouveau dans le déroulement de l'activité.

Cette évolution redonnera aux équipes de l'envie et de l'engagement... et, ce qui n'est pas un détail, de la productivité et de la performance à l'organisation, à leur plus haut niveau.

Un autre « détail » surprenant : s'intéresser au travail s'avère particulièrement peu coûteux. Tandis que dans ces environnements dégradés, le coût de la non-performance est quant à lui exorbitant. Le retour à l'efficacité et la fin de ces sabotages financeront bien au-delà des quelques investissements nécessaires pour redonner vie au travail.

*

Retrouvons maintenant des environnements dans lesquels le travailleur dispose des moyens de bien travailler, en profitant d'une autonomie suffisante pour exercer son zèle.

Rappelons tout de même pour plus de clarté cette définition du travail que nous empruntions plus haut aux ergonomes de langue française, à savoir que le travail regroupe « *tout ce qui se trouve entre la consigne et sa réalisation* ».

Rappelons aussi que face à une réalité par essence imprévisible, le travail va nous permettre de nous ajuster, en complétant les consignes.

Avec notre travail, nous allons donc investir – à notre manière singulière – cet espace entre la consigne et la réalisation. Cela demande de la créativité, de l'imagination, une prise de risque.

À mieux y regarder, cet espace entre consigne et réalisation diffère d'un métier à l'autre. Certains métiers sont très prescriptifs, ou directifs (la consigne y est très précise, laissant moins d'initiative), quand d'autres le sont moins (la consigne est plus large, laissant plus d'initiative).

Les métiers du nucléaire, très directifs, nécessitent par exemple des procédures extrêmement détaillées pour contrôler au mieux le facteur humain : les gestes métier sont précisément étudiés, choisis, avant d'être décrits, recensés et partagés, pour atteindre la maîtrise maximale du risque industriel et nucléaire.

À l'inverse, les métiers du journalisme, très peu directifs, concèdent une large part de liberté dans l'organisation et le suivi des recherches et de la mise en forme, tant que la production finale respecte les attentes éditoriales.

Convoquons à nouveau la pensée commune, qui considère généralement que les métiers peu directifs sont plus propices à l'épanouissement (parce que plus motivants, plus valorisants, plus créatifs) que les métiers aux consignes strictes (parce que plus routiniers, plus répétitifs, laissant une plus faible part à l'initiative).

Il faudrait donc en déduire que nous aurions tout intérêt à nous orienter vers les métiers les moins directifs, pour y trouver plus de possibilités d'épanouissement ?

Cette opinion, aussi répandue soit-elle, n'est pas juste.

Prenons deux professions en exemple, dont on peut considérer qu'elles offrent chacune à ceux qui les occupent des postes socialement reconnus et épanouissants. Et regardons en quoi le poids de la prescription, important dans le premier cas et faible dans le second, ne les empêche pas d'être épanouissants :

— Pilote de ligne : métier très directif.
— Directeur des ventes grands comptes : métier très peu directif.

Combien d'autonomie faut-il pour s'épanouir au travail ?

On attend du pilote de ligne qu'il connaisse, maîtrise et respecte scrupuleusement les procédures : dans toutes les situations et plus encore en cas d'incident. Ces compétences se trouvent au cœur de l'apprentissage et de la pratique du métier.

Cela en fait un métier particulièrement prescriptif, directif.

Les événements qui autorisent le pilote à prendre les commandes de l'avion en dehors de toute procédure sont extrêmement rares. Ils font l'objet d'un recensement et d'une description bien précise.

Ce souci de la prescription, poussé à l'extrême, ne rend pas pour autant le métier de pilote de ligne incompatible avec l'épanouissement de celui qui a choisi d'en faire sa profession.

Le pilote au travail peut y trouver, malgré une omniprésence des procédures, des possibilités tout à fait suffisantes d'épanouissement.

On remarque que la multiplicité des procédures et leur niveau de détail n'ôteront jamais au pilote sa capacité d'initiative, qui l'oblige à chaque instant à être en mesure d'arbitrer et d'interpréter sa situation en vol. C'est ici que se trouve une grande part du zèle du pilote et de son équipage.

Le pilote déclinera son zèle au travers de toute une palette d'astuces pour maintenir sa vigilance, assumer la responsabilité du matériel et des vies humaines transportées, jouir du plaisir de voler, maintenir ses connaissances, équilibrer sa vie personnelle avec une vie professionnelle aux horaires contraignants.

Le pilote investira du travail dans chaque prise de décision, des plus habituelles aux plus exceptionnelles : il s'agit bien de zèle, comme l'illustre l'histoire suivante.

*

L'incident de vol de janvier 2009 a été largement popularisé grâce au film *Sully* de Clint Eastwood, avec Tom Hanks dans le rôle du pilote, personnage principal.

L'Airbus A320 de l'US Airways a décollé depuis trois minutes de l'aéroport de LaGuardia à New York lorsque ses deux moteurs cessent de fonctionner, après avoir percuté une nuée d'oies sauvages.

Sans moteurs, l'avion perd de la vitesse et commence sa descente en planant, au-dessus des quartiers particulièrement denses de New York.

Les procédures prévoient tout.

Sauf une panne conjointe de tous les réacteurs, jugée statistiquement trop improbable pour être envisagée.

C'est ça, la réalité : l'arrêt de tous les moteurs, que la consigne jugeait impossible.

La réalité est joueuse.

Toujours.

Où diriger l'avion : vers un aéroport ? Lequel ? Vers une zone moins urbanisée sans piste d'atterrissage ? Où ? Pour tenter de poser l'avion ? Ou pour s'y crasher... Le contrôle aérien donne la consigne au pilote de retourner à son point de départ, l'aéroport de LaGuardia.

L'évaluation du pilote est différente : il considère ne plus être en mesure de planer suffisamment longtemps pour atteindre La-Guardia sans s'y écraser. Il préfère désobéir pour tenter d'amerrir sur le fleuve Hudson, en plein New York, face à Manhattan.

Les écoles de pilotes n'enseignent pas l'amerrissage, manœuvre qu'elles jugent trop risquée et inutile.

L'amerrissage est donc dans les faits une manœuvre impossible à réussir par les pilotes.

En prenant cette décision d'amerrissage (donc en désobéissant), puis en réussissant cette manœuvre exceptionnelle, le pilote sauvera l'intégralité des passagers et de l'équipage. Considéré comme un héros, il répondra aux journalistes qui l'interrogent qu'il n'a « *fait que son travail* ».

Ce qui est juste : il n'a fait que travailler, en comblant par son zèle ce que la consigne n'avait pas prévu. Mais aussi en décidant de désobéir à l'instruction, en la transgressant.

Mais les organisations n'aiment pas que l'on s'écarte de ce qu'elles prescrivent. Cela valut à l'équipage d'être suspecté au cours d'une enquête à charge, longue de dix-huit mois, d'avoir perdu l'avion par la faute de cette désobéissance.

Les compagnies d'assurance et l'avionneur cherchaient à démontrer qu'ils n'avaient pas à prendre en charge le coût de l'accident, puisqu'il résultait selon leur démonstration d'une erreur humaine : la transgression par le pilote de la consigne donnée par le contrôleur aérien. Le respect de la consigne aurait permis de sauver l'avion, en le posant à LaGuardia.

C'est en tout cas ce que défend l'accusation.

Laborieusement, l'enquête confirmera que la consigne, effectivement, ne « collait » pas à la réalité. Elle ne prenait pas en compte le temps inévitable, humain, nécessaire à l'évaluation de la situation à chaud dans le cockpit. Ces quelques secondes, nécessaires pour faire le point de la situation, entre la panne et la décision, une fois écoulées, ne permettaient plus de se poser à LaGuardia.

Le travail du pilote – particulièrement zélé –, sous la forme d'une transgression manifeste, a permis de s'opposer à la consigne du contrôle aérien dont les experts ont déterminé qu'elle aurait immanquablement entraîné le crash de l'avion.

Le pilote, par son travail, a répondu à la seule véritable consigne qui s'imposait à lui : sauver l'équipage et les passagers.

*

Cet exemple montre bien qu'un métier dont l'essentiel de l'activité réside dans le respect des procédures peut encore laisser la place à une part très significative de travail.

*

Prenons maintenant un exemple inverse, celui d'un métier très faiblement directif, avec des consignes très peu contraignantes dans l'activité quotidienne : directeur des ventes grands comptes.

Pour une entreprise commerciale, les clients grands comptes sont ceux qui, au sein du portefeuille de clients, concentrent le volume de chiffre d'affaires le plus important par client.

Clients stratégiques en termes de revenus, ils coûtent aussi plus cher à approcher, puis à fidéliser. Un directeur des ventes responsable de ces grands comptes dispose habituellement d'un poste à haut niveau de responsabilité, avec l'ensemble des attributs qui s'y rapportent : qu'il s'agisse du niveau de reconnaissance, de la rémunération, et d'un statut qui assure un haut niveau d'autonomie, de décision et d'action.

S'il dispose d'objectifs chiffrés, de clients et de prospects identifiés, d'un territoire et d'une équipe définie, le plan d'action et sa mise en œuvre sont laissés pour l'essentiel à sa main.

À lui d'envisager l'utilisation de son temps, de ses budgets, qu'il répartira selon ses choix entre prospects et clients, entre ses vendeurs, entre ses actions marketing ou commerciales.

À lui de choisir son mode de management, qu'il voudra plus directif, participatif ou délégatif, et de le mettre en œuvre à sa manière, en l'adaptant aussi aux caractéristiques individuelles de ses vendeurs, à leurs attentes, et à l'évolution de leur activité.

À lui d'inscrire ensuite ce management par collaborateur dans un leadership collectif, à animer au sein de son équipe, mais aussi de son entreprise et des autres directions, autant que sur le marché avec ses concurrents, ses fournisseurs, ses clients...

À lui de définir, dans le respect des règles de l'entreprise, sa politique de prix et de marges, d'investissements, de rémunération de ses vendeurs.

À lui d'ajuster toutes ses manières de faire, au fil de ce que lui renvoie la réalité, et de ce qu'il pense bien faire, ou pouvoir mieux faire.

*

Ces deux exemples, très opposés en termes de niveau de prescription, l'un très directif (le pilote de ligne) et l'autre très peu (le directeur des ventes grands comptes), démontrent combien le niveau de prescription ne conditionne pas le potentiel d'épanouissement d'un métier.

L'essentiel est de pouvoir travailler, dans le cadre fixé par les consignes, qu'elles soient très strictes ou plus floues, et selon le contexte professionnel dans lequel elles sont élaborées.

*

Bien sûr, nous n'oublions pas qu'il peut exister des pilotes de ligne comme des directeurs des ventes grands comptes épanouis ou non au travail.

L'épanouissement au travail ne peut être déduit du seul niveau d'autonomie et de décision au travail.

N'oublions pas non plus la complexité de l'évaluation du niveau de prescription d'un métier. Contrairement à ce que pourraient laisser croire les deux exemples précédents, tous les métiers ne se rangent pas si simplement dans deux catégories antagonistes :

- Entre les métiers très directifs : nombreuses consignes, peu d'autonomie ;
- et les métiers très peu directifs : peu ou absence de consignes, beaucoup d'autonomie.

Le métier d'agriculteur est un exemple très représentatif de la combinaison, que l'on retrouve dans tout métier, d'une part de prescription et d'autonomie.

- La première part du métier est particulièrement peu directive. L'agriculteur dispose d'un terrain, d'un temps limité, d'un budget, de ressources plus ou moins accessibles et coûteuses (de la main-d'œuvre aux machines, en passant par les semences, les animaux, les engrais – naturels ou industriels –, l'eau, le soleil, des voisins, de la famille…). À lui d'en disposer selon ses attentes, ses projets. À lui d'envisager dans toute sa complexité la combinaison de sa politique d'approvisionnement, d'investissement, d'aménagement, ses choix de cultures et/ou d'élevage, de distribution et de commercialisation, de communication, de recrutement… À lui d'imaginer le cas échéant les activités complémentaires qu'il voudrait initier pour compléter intelligemment ses activités agricoles.

- La seconde part du métier est extrêmement directive. Il va s'agir de tous les aspects juridiques que ce même paysan doit connaître, et respecter. Ils relèvent autant de la gestion des espaces, des terrains, en lien avec l'urbanisme et les règles du Plan local d'urbanisme, que du droit des sociétés agricoles, du droit du travail, du droit européen, du droit commercial et, bien entendu, de la réglementation sanitaire.

Nous sommes tous, dans nos situations particulières, dans nos vies professionnelles autant que notre vie personnelle, en prise avec ces deux tendances opposées : autonomie d'un côté, directivité de l'autre.

Quand l'une nous laisse travailler, l'autre nous en empêche.

Il s'agit de trouver le juste équilibre entre elles.

Plus précisément encore, la justesse en l'espèce se trouvera dans l'équilibre qui nous correspond le mieux, à nous, de manière tout à fait personnelle, et absolument subjective.

Cela dit, bien sûr… si la question de la part d'autonomie dont nous disposons est critique pour faire de notre situation professionnelle la source – ou non – de notre épanouissement, ce n'est pas là l'alpha et l'oméga de la question du « bonheur au travail ».

Elle y contribue toutefois considérablement.

En revanche, dans tous les cas, dès qu'il n'y a plus l'espace suffisant entre la consigne et la réalisation pour travailler, alors s'installent progressivement l'épuisement et l'usure.

Qui finiront inéluctablement par abîmer le travailleur et sa santé.

Oui... mais j'en connais qui ne supportent que la routine !

Généralement, dans un entretien, après que mon interlocuteur a acquiescé à l'idée que « *oui, il faut laisser de l'autonomie au travailleur* », je l'entends souvent ajouter « *mais il y en a quand même qui préfèrent des postes routiniers, répétitifs, prévisibles* »... Résurgence de cette pensée commune, qui une nouvelle fois tente de légitimer l'existence de « sots métiers » ?

Il est vrai qu'indépendamment de la « dimension » du poste (niveau de responsabilité, d'encadrement, de rémunération...), certains s'épanouiront mieux avec des consignes précises, contraignantes, là où d'autres leur préféreront des directives plus générales.

Soit.

Mais cela n'empêchera jamais, avant de traiter de sot un métier, d'interroger celui qui l'occupe sur sa manière bien personnelle qu'il a de l'investir et de mettre à sa main la consigne. Cela permettra de révéler rapidement l'intelligence qu'il parvient à mettre – lui – dans son travail.

Cela réserve fréquemment de belles surprises, quand de l'extérieur un poste peut sembler très « sot », tandis qu'il peut de l'intérieur offrir à celui qui l'occupe d'inespérées possibilités d'épanouissement.

C'était le cas dans l'atelier de la filiale française d'un équipementier automobile européen.

Regroupés par quatre, les ouvriers emballent des pistons de moteurs de poids lourds. À l'unité, d'abord, dans du papier léger, puis par paire, avant de les placer dans des boîtes, elles-mêmes ensuite posées sur une palette en bout de table.

Ces équipes mélangent en nombre à peu près équivalent des ouvriers quinquagénaires et de jeunes adultes.

L'observation et les échos inquiets de l'encadrement laissent entendre qu'il existe « *aux tables* » des tensions importantes, dont l'origine viendrait de l'écart d'âge dans les équipes, et de l'extrême monotonie des tâches, qui leur laisse très peu d'initiative.

Le management nous décrit de sots métiers. Et des opérateurs qui ne parviendraient pas à s'en contenter.

Ce serait là l'essentiel du problème.

Les entretiens nous montreront tout l'inverse : parce qu'ils travaillent en quinconce autour de leur table, parce que l'atelier est dans l'ensemble peu bruyant, l'activité, bien que très monotone, est ponctuée de discussions qui animent les journées.

Le management accepte – informellement – que les téléphones portables soient accessibles. Les ouvriers peuvent donc occasionnellement prendre un appel. Cela ne perturbe pas le rythme de production, tant que les appels restent courts, et que les collègues prennent le relais. Ce qui peut être partagé de ces conversations téléphoniques vient ensuite alimenter les échanges dans l'équipe.

Dans ces conversations, les seniors (les « *vieux* », ou les « *anciens* ») et les juniors (les « *jeunes* », ou les « *nouveaux* ») s'amusent de leurs différences d'expériences et de centres d'intérêt, ce qui contribue à animer les tables.

Parce que l'activité à la table n'est pas mécanisée, chacun a pu adapter son poste de travail selon ses préférences, de manière aussi insignifiante vue de l'extérieur (emplacement des pièces, des emballages, gestes pour saisir les pistons et les cartons) que signifiante pour les intéressés.

Lorsqu'on échange avec ces équipes, les ouvriers décrivent des postes où contre toute attente ils trouvent matière à travailler : dans son sens positif, en y investissant du zèle, malgré des tâches très encadrées par la consigne, et en tant que telles répétitives et ennuyeuses.

Contre toute attente, quelques ouvriers se surprendront même en entretien à dire le plaisir qu'ils ont à venir au travail : ils s'y épanouissent !

*

Avant de porter le moindre jugement sur un poste, sur un métier, rappelons-nous toujours que le travail est en très grande partie invisible : ce n'est qu'en interrogeant celui qui le réalise, qu'il s'agisse du pilote, du directeur, de l'agriculteur, du régleur ou de l'opératrice de ligne, que peut apparaître le contenu du travail.

Alors seulement devient possible l'évaluation sérieuse de l'intérêt du poste, de sa portée, de son utilité, de son efficience, de ses évolutions possibles et de ses effets pour celui qui l'occupe : en termes d'intérêt, de développement et d'épanouissement.

Pour évaluer la possibilité d'épanouissement d'un poste, il faut donc cesser d'évaluer le travail qu'on y observe, pour se concentrer sur le travail qui s'y réalise, en grande partie inaccessible de l'extérieur.

Lorsqu'un individu supporte, ou apprécie, la routine extrême de son poste de travail, c'est qu'il y trouve autre chose qu'il ne nous est pas permis, sans une observation supplémentaire, de connaître.

C'est un exercice bien particulier, bien souvent oublié, sur lequel nous allons nous pencher plus précisément dans les pages qui suivent.

Le mirage de la « mesure objective du travail »

La réponse apportée à l'épuisement professionnel, à ce que l'on qualifie de « trop de travail », de « trop de stress », de « trop de pression »... ou de « dégradation des conditions de travail », ou d'« insuffisance professionnelle »... passe fréquemment par un audit de la situation.

Cet audit repose en général sur une tentative de « *mesure objective de la charge de travail* » : du poste occupé, ou de celui qui l'occupe (ce qui n'est pas la même chose, mais se trouve presque toujours confondu).

Dans ces moments conflictuels, l'idée de « *mesurer objectivement le travail* » met habituellement tous les protagonistes d'accord sur la méthode.

Parce que la combinaison des termes « mesure » et « objectivité » représente le Graal, dont on attend une réponse indiscutable à la question posée.

Comme la température mesurée par le thermomètre est l'indicateur indiscutable pour décider de la maladie ou de la bonne santé d'un individu, la mesure objective de la charge de travail serait l'indicateur indiscutable pour décider de l'origine de l'état d'épuisement de l'individu au travail :

— Le travailleur a-t-il « objectivement » trop de travail ? Il faudra alors se pencher sur l'organisation, pour alléger le contenu de son poste ; en répartissant différemment les tâches, en embauchant, en abandonnant certaines tâches...

— Et si le travailleur a « objectivement » une quantité raisonnable de travail ? Il faudra dans ce cas se pencher sur le travailleur, pour le former, l'accompagner, le remplacer, le faire évoluer vers un autre poste...

Mais cette approche par la mesure objective de la charge de travail masque une autre question, la « *vraie question* » : qui est responsable de la situation d'épuisement ?

Est-ce le management (présupposé habituel des élus du personnel et de ceux qu'ils représentent le plus directement dans le conflit) ?

Ou est-ce le travailleur (présupposé habituel de la direction et de ses représentants) ?

Le débat autour de cette évaluation objective de la charge devient très vite défensif, et tournera rapidement à l'avantage de celui qui dispose du plus grand pouvoir d'influence.

Si le débat se prolonge, on verra probablement les parties qui s'opposent s'étoffer : des managers, des équipes, des groupes au sein des équipes, prendront parti... S'affronteront le clan des « pro-direction » ou des « pro-managers » et le clan des « anti-direction », qui soutiendra celui ou ceux qui occupent le poste objet de l'évaluation de la charge.

Ces raisons suffisent à expliquer pourquoi cette méthode est en général la source de bien plus de tensions qu'elle n'en résout...

Revenons néanmoins à notre question de départ, pour permettre à ceux qui souhaiteraient malgré tout « mesurer objectivement le travail » de se lancer dans l'exercice.

*

L'envie de mesurer objectivement le travail apparaît dans d'autres contextes que ceux – conflictuels – précédemment évoqués.

Elle peut par exemple permettre de dimensionner un service, ou une équipe. Elle peut aussi faciliter la formalisation des parcours professionnels, surtout dans des organisations aux carrières très normées (spécialité des entreprises publiques).

Le résultat de ces mesures permet ensuite de considérer qu'à un certain niveau « objectivement mesuré » de charge de travail, un salarié mérite une rémunération et un positionnement hiérarchique prédéterminés.

Reprenons toutefois le cas le plus courant, lorsqu'il s'agit de résoudre un désaccord, de désamorcer un conflit, de clarifier « *une bonne fois pour toutes* » si ce travailleur ou cette équipe sont épuisés parce qu'il ou elle ont trop de travail, ou parce qu'il ou elle ne savent pas absorber la quantité de travail pourtant raisonnable qu'on leur donne.

Le résultat de l'évaluation objective de la charge de travail permettra de décider, pour trancher.

Trancher parfois au sens propre : trancher dans les postes existants ou à créer, trancher de manière figurée une tête, en remplaçant par exemple un travailleur par un autre, jugé plus performant.

Le caractère définitif de la décision à prendre se reflète dans la manière avec laquelle les commanditaires de la mesure de la charge de travail insistent sur sa nécessaire objectivité.

L'objectivité doit assurer que le résultat de la mesure sera indiscutable. Comme l'action qui en découlera. Cela permettra – croit-on – d'accorder tous les participants sur les causes et les effets du conflit en cours.

*

Ces mesures de la charge de travail s'inspirent certainement des « *pesées de postes* », introduites par le cabinet Hay, et diffusées assez largement en France à partir des années soixante. La méthode Hay permet, selon une liste de critères établis, de dimensionner les postes entre eux, afin de définir des politiques de salaires et d'emplois cohérentes dans l'ensemble de l'entreprise.

Mais dans les années soixante comme encore aujourd'hui et tout autant demain, n'en déplaise aux commanditaires de ces « mesures objectives du travail », ces méthodes mesurent en réalité le travail réalisé : volumes de ventes, temps passé, résultats financiers, niveaux de stocks, nombre de pièces comptables saisies, nombre de colis enregistrés, nombre de visites réalisées, nombre de nouveaux clients, de subordonnés, de contrats signés, de pièces produites, de chambres nettoyées, d'appels pris, de palettes préparées, de collaborateurs recrutés...

Mais ces mesures n'évaluent en rien notre zèle : alors que c'est bien lui qu'il faut mesurer, car il est le seul qui représente notre véritable engagement, pour atteindre au mieux nos objectifs. La charge de travail se cache à cet endroit. Nulle part ailleurs.

Cette incompréhension a de graves conséquences, puisque tout et tous – autour de nous – s'obstinent à vouloir évaluer non pas notre travail, mais son résultat.

Ces conséquences, nous les envisageons facilement lorsque nous faisons l'objet nous-mêmes d'une évaluation.

Ces évaluations sont désormais largement répandues, souvent sous la forme d'EAP, ou « entretiens annuels de performance », assez formels, ou parfois plus informellement, lorsque l'évaluation se tient autour d'un repas, ou d'un café, avec notre supérieur hiérarchique.

Lorsque l'évaluation est « bonne », nous n'y prêtons pas réellement attention, à vrai dire. C'est lorsqu'elle remet en cause notre performance que nous apparaît l'impertinence de la situation : nos résultats sont jugés, nos efforts et nos initiatives sont ignorés.

Et si nous apprenions enfin à évaluer le travail ?

Au travers de ces entretiens annuels d'évaluation, l'organisation et sa hiérarchie veulent mesurer le travail de leurs salariés, afin d'attribuer les promotions et les augmentations à partir de critères « objectifs », dont on attendra qu'ils ne soient pas remis en cause.

Les systèmes d'évaluation annuelle de la performance répondraient à ces attentes si, encore une fois, les critères d'évaluation utilisés ne mesuraient pas les résultats du travail mais bien le zèle engagé pour les atteindre.

Oui, mais là est le problème : l'objectivité se nourrit d'indicateurs.

Les résultats du travail sont mesurables, et facilement traduisibles en indicateurs.

Le zèle, lui, se moque des indicateurs, avec lesquels il est même profondément incompatible.

Ces systèmes se généralisant, des organisations syndicales se sont mobilisées pour que cessent ces évaluations trop centrées sur les résultats quantitatifs des salariés.

Qu'à cela ne tienne. Les évaluateurs ont décidé de conserver ces indicateurs, les ont regroupés dans un « volet quantitatif » de l'évaluation, avant de répondre aux critiques en y ajoutant un « volet qualitatif ».

Belle promesse que ce volet qualitatif ! Le zèle et le travail qu'il représente allaient enfin trouver leur place dans l'évaluation annuelle.

Promesse tenue ?

Tel ne fut pas le cas.

Même qualitative, l'évaluation continue de se nourrir d'indicateurs.

L'époque a voulu – et veut encore – par exemple que le management s'appuie lorsqu'il le peut sur des questionnaires de satisfaction client. Ce que nous – lorsque nous sommes clients – connaissons bien.

Ce serait donc à partir de l'évaluation de la prestation du salarié par son client que le manager évaluerait avec justesse le travail fait ?

Peine perdue : on ne trouve ici, comme ailleurs, qu'un moyen quantitatif de plus d'évaluation.

Un trompe-l'œil qui fait croire qu'on regarde le travail quand on continue à n'en regarder que le résultat.

Des consultants d'un important éditeur de solutions informatiques me décrivaient par exemple être évalués qualitativement (comme les opérateurs des plateformes de support téléphonique), à partir des notes accordées par leurs clients, sur 5.

Ils ne touchaient leur prime qu'à condition d'avoir accumulé cent pour cent de notes 5 sur 5 sur toute la période : une unique note inférieure à 5 suffisait pour annuler cette prime.

La hiérarchie pensait-elle évaluer ainsi le travail de ses consultants ? Elle n'évaluait en réalité que leur capacité à obtenir cent pour cent de notes 5 sur 5.

Ce qui demande, il est vrai, un zèle non négligeable.

Et cela d'autant plus que les interventions faisaient l'objet d'une facturation horaire à des tarifs que beaucoup jugeraient luxueux.

Dans ce contexte, que les consultants en arrivent en fin d'intervention à quémander une « *bonne note* » générait des situations gênantes, pour le consultant comme pour le client.

Ce travail, grâce auquel le consultant accumule les 5 et évite les notations plus faibles, n'a plus rien à voir avec le travail attendu, et vendu, qui consiste en une expertise logicielle de haut niveau.

Le « volet qualitatif » de l'évaluation n'évaluait donc que la capacité de chaque consultant à se sortir de ces situations embarrassantes : en évitant d'être noté par les clients les moins familiers, dont il leur semblait peu certain d'obtenir le 5 sur 5 recherché, et en encourageant les notations des clients les plus proches... Les consultants, très fréquemment, ne savaient plus faire autrement que d'expliquer à leurs clients les plus fidèles leur problématique : une part de leur rémunération repose sur le 5 sur 5 qu'ils leur demandent de bien vouloir leur attribuer... « *C'est vraiment sympa, merci* »... Une façon de faire bien peu à la hauteur de la réputation d'excellence et de professionnalisme de l'éditeur en question.

Le volet qualitatif de l'évaluation ne permet donc toujours pas de mesurer le travail, même s'il veut se persuader qu'il y parvient.

Cela n'empêchera pas la hiérarchie de continuer de « faire comme si », en poursuivant l'usage de ces évaluations, d'année en année, et de continuer de ne mesurer que le résultat du travail, à défaut de mesurer le travail fourni.

*

Cette incapacité de notre environnement professionnel à identifier le travail, et à en discuter, n'est pas sans créer de sérieux problèmes.

Parce que lorsque nous sommes engagés au travail, nous espérons, nous réclamons que nos efforts soient évalués et discutés avec notre manager, nos clients, nos collègues.

Dans les faits, cela ne se produit malheureusement que tout à fait exceptionnellement... Pour ne pas dire jamais.

Dans cette évaluation de notre travail (le vrai, notre zèle), nous aimerions pouvoir rappeler nos initiatives, nos efforts : ceux qui ont porté leurs fruits, autant que ceux qui ont manqué leurs objectifs.

C'est ce travail-là qui compte pour nous.

Ce qui est étonnant, c'est que c'est ce même travail qui compte le plus pour l'organisation, car c'est de lui que vient le supplément de performance qui permet d'accéder à l'excellence.

Ce travail échappe pourtant pour l'essentiel aux radars de l'évaluation, de la reconnaissance, du management, et des échanges autour de la performance dans et entre les équipes, qui restent focalisés sur les résultats.

Et ces radars ne semblent à vrai dire pas prêts de voir apparaître sur leurs écrans des signaux de ce travail si j'en juge mes observations sur le terrain...

*

Dans l'une de ses analyses du travail, Yves Clot[1] rapporte ses échanges avec un brancardier de bloc opératoire.

Le brancardier explique qu'il considère avoir fait son travail lorsqu'il obtient un sourire du patient à l'instant où il le laisse – seul – brancardé devant l'entrée du bloc, dans l'attente de sa prise en charge par l'équipe opératoire.

Le brancardier sait d'expérience qu'un patient stressé générera plus facilement des complications pendant sa chirurgie. Il sait a contrario qu'un patient détendu, ce que valide ce sourire obtenu, coopérera mieux avec l'équipe soignante du bloc.

Ce travail, ce geste métier ne se trouve dans aucune consigne, pas plus qu'il n'est connu du management.

Pour obtenir ce sourire chez son patient, le brancardier a ses « trucs ». Qu'il enchaîne tout au long du trajet depuis la chambre jusqu'au bloc opératoire. Ce sourire qu'il sait comment obtenir, devant la porte du bloc, est l'indicateur infaillible qui lui confirme qu'il a contribué, par son travail, à ce que la chirurgie se déroule au mieux.

Ce travail ne lui a pourtant jamais été prescrit.

Sa fiche de poste lui demande de transporter ses patients en sécurité.

Rien d'autre.

---

[1] Yves Clot était titulaire de la chaire de psychologie du travail du CNAM, et du Centre de recherche sur le travail et le développement du CNAM. Il est l'un des principaux fondateurs de la clinique de l'activité.

Le poste, toutefois, de son point de vue, l'engage bien au-delà, puisqu'il va jusqu'à l'impliquer au-delà de la porte du bloc, qu'il ne franchit pourtant jamais.

Il s'agit ici d'une belle initiative de transgression, grâce à laquelle le brancardier s'est autorisé à améliorer la consigne. Il trouve même ici une belle opportunité d'épanouissement, par la fierté – légitime – qu'il tire du résultat de son activité.

Comment pourrait-on « objectivement mesurer la charge » que représente ce travail, que personne dans la hiérarchie de ce brancardier n'est en capacité d'identifier ?

Cet exemple de geste métier est un exemple efficace de travail vivant, en ce qu'il cherche à réinventer son contenu, au-delà de la consigne. Nous en repérons facilement la valeur : pour le brancardier, pour le patient, pour tous les soignants, pour l'institution dans son ensemble.

Les approches managériales les plus partagées aujourd'hui se focalisent sur l'efficacité et la productivité. Elles nous encouragent, malheureusement, à négliger ce travail vivant, tellement utile, bien que moins visible.

En continuant d'ignorer ce zèle, dans nos approches du monde du travail, nous contribuons à abîmer ce qui donne sa vitalité au travail, ce qui nous permet de développer santé et engagement grâce à notre épanouissement, et ce qui permet à l'organisation de gagner en performance sur le temps long.

L'évaluation de la charge de travail sera toujours subjective

Il est urgent d'admettre enfin que pour sérieusement évaluer le travail, l'objectivité n'existe pas.

Et de le faire savoir !

Mesurer le travail passe nécessairement par la subjectivité.

Une subjectivité dont nous nous méfions tous, à juste titre : car elle ouvre la porte à toutes les discussions.

Prenons un métier « physique », que l'on penserait mesurable par excellence : la manutention.

Et regardons jusqu'où nous pouvons défendre la crédibilité d'une mesure objective d'une charge de travail.

Pour cela, rejoignons ce réceptionnaire de colis d'un centre logistique d'une entreprise de messagerie internationale. La consigne lui demande de déplacer un par un des colis : depuis la remorque des camions qui se succèdent à la porte de son quai de déchargement jusqu'au départ d'un tapis roulant, quelques mètres plus loin. Les colis doivent y être correctement positionnés, posés étiquettes visibles.

Des aiguillages le long du tapis roulant orienteront le colis, grâce aux informations recueillies par scanner sur son étiquette, jusqu'à un second manutentionnaire. Celui-ci déplacera le colis de l'aire d'arrivée du tapis roulant jusque dans la remorque du camion en attente au quai de chargement, qui l'emportera pour ses derniers kilomètres jusqu'à son destinataire final.

La charge portée quotidiennement peut être facilement calculée, assez objectivement jusqu'ici : l'ordinateur sait identifier chaque colis porté, et connaît son poids. Il nous dit dans le cas présent qu'en moyenne un manutentionnaire porte de l'ordre d'1 tonne par heure pendant sept heures : avec trois heures de pic à 2 tonnes par heure, et trois heures de creux à 0,4 tonne par heure.

Cette observation permet au management de disposer d'une mesure « objective » du travail, qui permettra de décider du nombre de manutentionnaires à mobiliser, des investissements nécessaires pour faciliter le cas échéant la manutention, des ajustements possibles des fréquences ou des horaires de déchargement...

Mais est-on bien certain du caractère « objectif » de la mesure du tonnage porté par heure ?

Non.

*

Il y a tout d'abord le fait que l'ordinateur n'a pas connaissance du nombre de fois où chaque paquet est porté, très variable d'un colis à l'autre : par exemple, un colis de 3 kg sera peut-être porté de la remorque du camion à une palette au sol, puis de la palette au sol au chariot, puis du chariot au tapis roulant.

L'ayant porté successivement trois fois, le manutentionnaire aura donc porté 9 kg et non 3 kg comme le remonte l'outil de gestion.

D'un colis, d'un camion à l'autre, le nombre de manutentions par colis évolue, impossible à prévoir.

S'il est possible d'estimer par une moyenne le nombre de fois où un colis est porté, la validation de ce coefficient commence à nous éloigner de la mesure objective et indiscutable que nous espérions trouver.

Nous n'y sommes déjà plus, dans cette objectivité recherchée.

Et ce n'est que le début, car la subjectivité va encore largement s'inviter à la discussion...

Mais rassurons-nous, il existe la norme AFNOR X35-109, qui nous dit qu'un homme ne devrait pas porter plus de 3 tonnes par heure[1]... Quoi de plus objectif qu'une norme ?

Ou de plus subjectif ? Car cette norme, aussi objective qu'elle paraisse, a déjà subi l'appréciation subjective de ceux qui l'ont établie. Je le sais d'autant mieux que je me rappelle les doutes et les incertitudes qu'a bien voulu me confier l'un de ses auteurs, dont j'ai par hasard eu la chance de partager le bureau.

Mais il va aussi falloir tenir compte des conditions – parfaitement subjectives – dans lesquelles le manutentionnaire porte les colis : l'effort d'une prise au sol diffère par exemple radicalement d'une prise à hauteur d'épaule.

Un détail qui n'en est pas un pour celui qui a répété ces gestes des heures et des jours durant.

---

[1] Pour un homme entre 18 et 45 ans ne présentant aucune contre-indication médicale au port de charges, transportant avec ses bras une charge rigide à une distance de dix mètres, avec prise et dépose à une hauteur adaptée à sa taille, le cycle complet comportant un retour à vide sur la même distance. Le port s'effectue dans une ambiance thermique neutre, sur sol plat, non glissant, sans obstacle. Le sujet n'est soumis à aucune autre contrainte.

Nous allons aussi évaluer l'effet – subjectif – des horaires de travail du manutentionnaire : le port de charge de nuit est bien plus éprouvant qu'en journée.

Nous regarderons aussi la dimension du colis, qui influe sur l'effort, en plus de son poids.

Mais aussi la plus ou moins grande facilité de préhension de son emballage.

*

Nous allons donc devoir pondérer la norme pour l'ajuster au mieux, en fonction des facteurs précédemment évoqués.

Un manutentionnaire de nuit pourrait porter 0,9 fois la charge prévue par la norme. Les paquets pris au sol pourraient compter pour 1,2 fois le poids des paquets pris à hauteur de coude. Etc.

Avons-nous cette fois-ci une référence objective du travail de manutention réalisé ?

Oh non... Et de moins en moins objective...

Nous n'avons fait qu'ajouter de la subjectivité et de l'approximation à chacun des choix méthodologiques effectués.

Et nous n'avons pas encore tenu compte de tous les facteurs liés à l'environnement, qui ont leur importance sur la fatigue, la pénibilité : éclairage, ambiance dans l'équipe, niveau sonore, fréquence des temps morts dans l'activité, prédictibilité ou imprévisibilité de l'activité, soutien de la part du management et des collègues...

Autant d'éléments – subjectifs mais réels – qui influent sur les effets physiques de la charge quotidiennement portée par chaque manutentionnaire dans ces conditions spécifiques.

Enfin, nous avons oublié l'essentiel : le manutentionnaire « standard », « normal » ou « moyen » n'existe pas... Notre manutentionnaire a ses caractéristiques propres : de taille, d'âge, de condition physique, d'enthousiasme et de motivation, d'ancienneté, d'envie et d'espoirs d'évolution, de temps de trajet domicile-travail, qui influeront sur son endurance, son appréciation du niveau des charges portées et de la fatigue associée, forcément différente de celle de ses collègues.

*

Or c'est bien ce cocktail de facteurs qui fait la difficulté ou la facilité de la prise en main de ce poste. Et ce cocktail, justement, s'avérera toujours profondément unique, d'un individu à l'autre.

C'est pourtant cette formule, avec la manière bien personnelle de chacun de l'envisager, qui représentera le « vrai » volume d'effort, d'engagement et donc de travail à développer jour après jour.

*

Pour en finir avec cette utopie d'une mesure objective du travail, retenons simplement que l'évaluation du travail se caractérise par sa subjectivité, que ne peut éclairer qu'accessoirement la mesure...

Restons donc toujours prudents lorsque nous portons un avis sur le travail de l'autre, pour ne pas céder à la facilité à laquelle nous avons été habitués de mesurer, normer, standardiser, de décrire, de parler du travail à partir de ce que nous en voyons, ou en imaginons.

Définitivement, le travail, le vrai, notre zèle, n'est pas mesurable, ou ne l'est que marginalement. Et en la matière, l'objectivité n'existe pas.

Faut-il renoncer alors à se pencher sur notre travail ?

Bien sûr que non.

Au contraire.

Il suffit pour cela d'apprendre à repérer notre travail, le travail de l'autre. Apprendre à en parler.

À la clé se trouve le levier essentiel pour nous épanouir au travail.

Et au-delà, dans notre vie personnelle.

Quand les cols blancs découvrent la boîte noire de leurs équipes

« Je viens de céder mes parts à Fernand, ici présent. C'est lui qui me succède. J'aurais pu aussi organiser un référendum, mais j'ai préféré faire comme ça. Pas d'objection ? »

Georges Lautner
Les Tontons flingueurs *(1963)*

Quand les cols blancs découvrent la boîte noire de leurs équipes

Il est vital pour chacun d'entre nous de créer les conditions qui nous permettent de travailler, donc de rester zélé, tout au long des plus de quarante années de notre vie professionnelle. Ce zèle, une fois installé et développé, devient l'accélérateur de nos réussites, l'amortisseur de nos échecs, et dans tous les cas le moteur de notre épanouissement.

Rester zélé, travailler, devrait nous être parfaitement naturel, puisque nous y aspirons tous, profondément.

Mais ça ne l'est malheureusement pas, pour les raisons évoquées dans le chapitre précédent, tant que tout nous pousse à confondre le travail et son résultat.

Ça ne l'est pas non plus parce qu'une dynamique sociale et un principe de réalité nous orientent plus volontiers, lorsque nous envisageons notre évolution professionnelle, vers sa dimension contractuelle et sécuritaire : le CDI, la pérennité de l'emploi et de son statut, et la sécurité financière.

En envisageant notre vie professionnelle à la recherche de notre épanouissement, nous ne recherchons plus un emploi, ou un certain type de contrat, nous nous attachons à faire en sorte de garder vivant notre travail.

Pour cela, nous envisageons avant le statut, l'employeur, ou la carrière, le contenu de notre travail. Qu'est-il ? Dans quelles circonstances est-il le plus vivant possible ? Dans quelles circonstances est-il plus difficile ou plus facile pour nous de maintenir cette vitalité ?

En répondant à ces questions, nous faisons apparaître les contours des situations dans lesquelles nous nous engageons le plus volontairement, et avec le plus de plaisir.

Créer les conditions de l'expression la plus spontanée, facile, de notre zèle donne à nos envies les plus élémentaires les moyens de leur réalisation : apprendre, nous découvrir et progresser avec les autres.

Reste à trouver l'activité dans laquelle, ou les activités dans lesquelles, nous pourrions au mieux investir notre zèle.

Cette activité, nous devons en être fiers, ou en tout cas suffisamment fiers pour parvenir à dépasser les difficultés qui se présenteront inévitablement à nous.

Un travail vivant, c'est un travail que nous trouverons toujours le moyen d'engager, dans une diversité d'emplois et de métiers qu'il nous appartient de trouver.

Un travail vivant, c'est aussi un travailleur vivant, capable d'inventer les formes et les contenus de son travail. Cette approche du « marché du travail », orientée vers la réalisation et l'épanouissement de soi plutôt que vers la satisfaction d'exigences matérielles ou de carrière, parle bien plus aux nouveaux arrivants de la génération des milléniaux qu'aux plus anciens.

Il s'agit pour les moins jeunes d'entre nous de négocier ce virage, le plus souvent vécu avec peur, et d'évoluer d'une réflexion professionnelle gérée sous la menace de la perte d'emploi vers une gestion de carrière animée par l'opportunité de pouvoir enfin reprendre la main sur son travail.

Dans cette recherche du travail où nous nous épanouirions le mieux, il est probable qu'au fil de nos interrogations, nous évoluions d'un modèle jusqu'ici traditionnellement centré autour du CDI vers une pluriactivité, en cumulant – de manière choisie – plusieurs activités, sous différents statuts.

Le cheminement vers cette reprise en main du travail passe par une première étape : la prise de conscience, la clarification de notre travail, actuel et passé, de ce qu'est et a été notre zèle, ce qu'il a représenté en termes de satisfaction personnelle ou de frustration, mais aussi d'efficacité pour ceux à qui ou ce à quoi nous l'avons destiné. Il est plus facile alors de s'interroger sur notre zèle actuel : en quoi consiste-t-il ? Dans quelle dynamique de travail nous trouvons-nous ?

Ce cheminement conduit progressivement, naturellement, au développement de notre agilité professionnelle, démultipliée par l'expérience enthousiasmante de l'engagement réussi au travail que nous avons pu avoir oubliée.

Cette première étape, celle qui doit nous permettre de savoir où, comment, et quoi chercher pour identifier notre zèle, notre travail, offre l'occasion d'un court et indispensable détour historique.

La boîte noire du travailleur

En 1878, Frederick Winslow Taylor, un ouvrier – presque – comme les autres vient de rejoindre les ateliers d'une aciérie, la Midvale Steel Co, dans la région de Philadelphie.

Il découvre et s'intègre dans ce monde ouvrier, dans lequel le chef d'atelier gère les équipes d'ouvriers et leur activité en grande autonomie, avec comme objectif le volume de production négocié avec les propriétaires de ces importantes nouvelles unités de production industrielle.

Ces propriétaires, comme les ingénieurs (dont ces industries marquent l'apparition) qui élaborent les produits et les machines-outils, demeurent très étrangers à l'organisation des opérations sur le terrain, assurée par ceux qui font tourner la production : les chefs d'atelier et leurs équipes.

Taylor se distingue de ses collègues ouvriers en ce qu'il termine tout juste ses études à l'université, porté par d'autres ambitions qu'ouvrières. Le monde ouvrier dans lequel il s'infiltre lui sert de terrain d'étude. Cette immersion lui permet de conceptualiser ce qu'il appellera plus tard la « *boîte noire* » de l'ouvrier.

Dans cette boîte noire, découvre-t-il, se trouve tout le savoir-faire ouvrier, développé et agrégé collectivement. Taylor comprend vite que les équipes d'ouvriers se gardent bien d'ouvrir leur boîte noire aux représentants de la direction.

La direction ne soupçonne pas le nombre de ces savoir-faire, sans pouvoir plus encore évaluer leur importance, puisqu'elle n'y accède pas. Taylor, lui, membre de la direction de l'usine et ouvrier parmi les ouvriers, y accède.

Il en tirera deux conclusions essentielles :

—   Que les astuces ouvrières abritées dans ces boîtes noires visent prioritairement à permettre à l'ouvrier de préserver sa situation. À cette fin, elles vont fondamentalement à l'encontre des objectifs de productivité de la direction. Il s'agit d'astuces, invisibles du management, qui, vues par Taylor, permettent de ralentir le travail, sans en avoir l'air. L'ouvrier parvient ainsi à s'économiser, tout en répondant aux consignes.

—   Que l'organisation du travail, pour optimiser la productivité, nécessite des savoir-faire qu'il n'est pas possible de déléguer à ceux qui font le travail, et plus encore s'ils n'en ont pas les connaissances scientifiques.

Taylor va donc proposer de remplacer les astuces ouvrières des boîtes noires par les procédés développés par les ingénieurs qu'il embauche.

Dans ces premières conclusions de Taylor se trouvent les prémisses de ce qu'il développera toute sa vie durant : une vision de l'ouvrier qui s'apparente à celle des machines qu'il conçoit par ailleurs pour ses usines. À la manière de ce qu'il fait pour ses machines, il va pour les ouvriers en préciser l'usage, procéder par adaptations, réglages, pour qu'ils répondent au mieux aux besoins de la production.

Taylor sera particulièrement prolixe, en théorisant son approche dans l'organisation scientifique du travail (OST), avec un vaste corpus de propositions. Il mettra en pratique lui-même ses principes, avant d'en diffuser les approches au moyen de conférences qui accéléreront la diffusion de son modèle, grâce aux consultants qui s'y forment.

Sa conférence sur « *l'homme-bœuf* » est particulièrement révélatrice de son regard sur le travail et le travailleur.

Taylor raconte l'histoire d'un atelier dans lequel il a lui-même travaillé. Il y faut transporter de manière répétée de lourdes gueuses de fonte, d'un poste de travail à un autre. Soit de l'ordre de 48 tonnes par jour à manutentionner.

Taylor explique comment il a dans un premier temps étudié – scientifiquement – l'opération, pour ensuite, faute d'avoir pu la mécaniser, préciser les caractéristiques de l'ouvrier à recruter. Il parvient à la conclusion qu'il suffit de trouver un homme « *capable de faire de la manutention des gueuses de fonte son métier permanent, et d'être si bête et si flegmatique que sa tournure d'esprit le rapproche davantage d'un bœuf que de toute autre chose* »[1]. Il l'appelle l'homme-bœuf. Il a pour stricte consigne de respecter celles que lui donnera l'ingénieur, seul compétent pour savoir à quel rythme l'homme-bœuf doit se déplacer, saisir puis poser la pièce, le cas échéant se reposer.

Le chronomètre, manipulé par l'ingénieur, permet de régulièrement contrôler le bon respect de ces consignes par l'homme-bœuf.

L'homme-bœuf remplace cette machine qu'il n'est pas encore possible de fabriquer, pour porter ces près de 50 tonnes quotidiennes. À l'ingénieur d'en optimiser l'usage et le fonctionnement au moyen d'instructions adaptées. À l'homme-bœuf de les exécuter.

---

[1] Citation extraite de *Taylor et le taylorisme*, auteur Michel Pouget, éditions PUF.

En rédigeant ces instructions, l'ingénieur les substitue à ce qu'aurait développé officieusement l'homme-bœuf dans sa boîte noire, pour mettre à sa main le travail à réaliser.

Le pillage de nos boîtes noires, ou la mise à mort du travail

Taylor, en conceptualisant la boîte noire, s'approche finalement de ce que nous disent aujourd'hui les psychologues et les ergonomes lorsqu'ils développent cette définition du travail.

La boîte noire est l'endroit où nous logeons notre zèle : notre part d'initiative, d'invention, que nous glissons entre ce qui nous est demandé et ce que nous avons à réaliser.

Dans cette boîte noire se trouve toute la richesse de l'être humain au travail : dans ce qu'il peut offrir de mieux en termes de réalisation, de résultat, de qualité, comme d'épanouissement.

Il est tentant, pour ceux qui optimisent le travail, de récupérer et de disposer du zèle de ceux qu'ils emploient. Taylor n'y résiste pas : il s'empare des savoir-faire ouvriers, les débarrasse de ce qui réduit la productivité, et les réintroduit dans les consignes élaborées par les ingénieurs des bureaux d'étude.

Ce pillage des boîtes noires permet avant tout à Taylor, puis à tous ceux qui ont plus tard marché dans ses traces, de supprimer tous les temps qu'ils jugent inutiles (ces temps qualifiés de flânerie par Taylor).

Ces flâneries sont pourtant essentielles pour permettre à l'entreprise autant qu'aux organismes de ceux qui y travaillent de respirer, récupérer, anticiper. Ces temps de flânerie servent en grande partie à faire du zèle, pour adapter la mise en œuvre de la consigne à la réalité de la situation, que les ingénieurs de Taylor ne sauront jamais parfaitement prévoir. Elles incluent une indispensable part de transgression des règles.

Taylor, ingénieur, entrepreneur, formalisera et diffusera si bien ces approches et son organisation scientifique du travail qu'il déclenchera un formidable bond en avant en termes d'innovation industrielle, et de productivité.

Mais ce même Taylor, en refusant de voir notre nécessité de disposer d'autonomie dans la prise en main de notre travail, provoquera une dramatique crise sociale. Cela lui vaudra finalement d'être sur la fin de sa vie profondément remis en cause, jusqu'à ce qu'une enquête parlementaire soit déclenchée sur ses travaux.

Les conséquences sociales dramatiques du taylorisme étaient pourtant bien visibles dès ses premiers développements, aussitôt qu'apparurent les grèves, freinages, sabotages à répétition.

Taylor, dans ses conférences sur l'homme-bœuf, s'abstenait bien évidemment de mentionner que l'homme-bœuf ne résista pas longtemps au traitement qui lui avait été réservé...

Dans nos boîtes noires, à la recherche de nos transgressions

Pour nous, aujourd'hui, partir à la découverte de notre travail commence par l'ouverture de notre boîte noire, pour en explorer le contenu : une partie nous est connue, mais nous en ignorons souvent l'essentiel.

Il s'agira ensuite de faire évoluer ce contenu, au gré de nos expériences, de nos envies, de nos succès et de nos échecs, de ce qu'ils nous enseignent et de ce qu'ils nous donnent envie d'essayer.

C'est une démarche que très peu d'entre nous engagent, concentrés depuis toujours sur le recensement du résultat de notre travail, de nos compétences et de nos expériences, au détriment de l'étude de nos manières de faire.

Dans l'ensemble, l'appréciation de notre travail porte plus naturellement à vérifier que nous avons bien respecté les règles et atteint nos objectifs qu'à récompenser les transgressions sans lesquelles les règles n'auraient pu fonctionner.

Explorer notre boîte noire, c'est avancer vers la découverte progressive...

- ... des manières de faire que nous connaissons, que nous avons parfois améliorées, parfois partagées avec notre entourage professionnel.
  En les sortant de notre boîte noire, nous allons pouvoir les identifier plus précisément, nous les rendre plus accessibles, plus facilement améliorables.
  Nous allons pouvoir travailler sur nos manières connues de travailler.

- ... et des manières de faire que nous pratiquons, sans en avoir pris conscience.

  En les identifiant, nous allons ainsi développer le « répertoire » de nos gestes métier.

  Nous pourrons dorénavant améliorer, travailler sur ces manières de faire nouvellement découvertes.

Ces manières de faire vont apparaître pour certaines dans l'application stricte des règles, pour d'autres dans l'ajout à la règle de ce qui lui manque pour la rendre opérante. Et dans un certain nombre de cas vont apparaître des entorses aux règles, des transgressions, que nous jugerons nécessaires, ou bénéfiques pour mieux travailler.

Ces transgressions pourront être anodines.

Elles pourront parfois être plus significatives.

Ces transgressions des règles auront toutes une utilité. Elles nous permettent de mieux travailler, pour atteindre ce qui représente à nos yeux du bon boulot, du travail de qualité.

Certaines de ces transgressions seront connues des autres professionnels qui nous entourent, qui les pratiquent d'ailleurs peut-être eux aussi. Mais elles pourraient ne pas l'être, ou l'être sans que nous le sachions.

Ces transgressions pourraient justifier une sanction si on se référait strictement à la consigne.

Mais elles sont en général tolérées tacitement par le management, et par l'environnement, tant qu'elles visent à faciliter le travail.

Pour autant, le discours managérial peut aussi un jour changer : ce qui était tacitement accepté ne l'est plus. Ce qui peut alors créer d'importantes tensions lorsque le retour officiel et strict à la règle est prononcé.

Chaque métier connaît ses transgressions, et dispose ainsi d'une certaine manière d'une boîte noire collective du métier, qui se décline ensuite individuellement en autant de boîtes noires que de professionnels, en fonction des pratiques de chacun.

*

Voici quelques exemples de transgressions...

Dans un service hospitalier de soins palliatifs, prendre ses repas dans la salle de pause de l'étage, ce qui est officiellement interdit, plutôt qu'à l'extérieur, pour rester à proximité des patients, et limiter les pertes de temps dues à la nécessité de se changer à chaque entrée/sortie du service.

Dans une activité itinérante, aménager ses déplacements pour maximiser l'usage de son temps, entre temps de trajet, télétravail, temps au bureau, temps en clientèle. Quitte par exemple à rentrer plus tôt chez soi que ne l'autorisent les règles, pour s'éviter des temps de trajet inutiles s'il fallait repasser au bureau.

Dans une activité de réservation, bloquer certains créneaux en anticipant des désistements, alors que la règle l'interdit.

Dans une activité commerciale, anticiper ou reporter une partie de ses ventes pour mieux les répartir dans l'année en fonction des objectifs périodiques définis, en négociant avec les clients les dates de commande, de livraison, de facturation.

Dans l'élaboration d'un devis, surévaluer certaines lignes en compensation d'une sous-estimation d'autres lignes. Chaque ligne budgétaire ne reflète plus scrupuleusement ce qui sera effectivement vendu ou réalisé.

*

L'enjeu en mettant sur l'ouvrage notre boîte noire est de mettre notre travail à l'épreuve de notre zèle.

Nous nous mettons ainsi à travailler sur notre travail.

Ce faisant, nous allons progressivement « déplier » notre travail, au fur et à mesure que nous extrayons nos manières de faire de notre boîte noire. Un mouvement qui s'accélérera au fil de son avancement : la révélation de nouveaux gestes métier en appellera d'autres.

Ce n'est pas si simple.

Cette découverte des gestes métier ne relève pas d'un exercice habituel, ou naturel, bien au contraire. Nos habitudes, bien ancrées, rendent difficile l'accès à nos boîtes noires. Il va nous falloir y accéder par des chemins détournés, ou en tout cas inhabituels.

*

Lorsque nous détaillons nos transgressions aux consignes, ainsi que les astuces qui nous permettent d'être plus productifs que nos pairs, ou de nous créer des marges de manœuvre pour d'autres tâches, etc., nous comprenons que toutes ces astuces et ces transgressions ne sont pas forcément bonnes à partager.

Les anciens collègues d'atelier de Taylor nous le confirmeraient sans doute, après avoir subi les conséquences du partage de leur boîte noire avec lui...

Ce qui ne se trouve pas encore dans nos boîtes noires

Explorer nos manières de travailler est un exercice aisé tant que nous nous intéressons à ce que nous connaissons : partie la plus simple de l'exercice, mais probablement la moins utile.

L'exercice trouvera toute son utilité lorsque nous chercherons à explorer tout ce que nous ne faisons pas. Ou ce que nous pourrions faire autrement.

Car pourquoi ne faisons-nous pas autrement les gestes professionnels que nous répétons quotidiennement ?

Peut-être parce que nous considérons que telle pratique est interdite ; ou impossible ; ou peut-être parce que nous n'imaginons pas faire autrement.

Très souvent, nous répondons à cette question à la manière enfantine… « Pourquoi ? » « Mais parce que ! »

Nous avons parfois une trace de ce qui reste pour nous l'origine de ce « parce que » : « *on m'a toujours dit qu'il ne fallait pas faire comme ça…* » ; « *on n'a jamais fait comme ça* » ; « *on a toujours fait comme ça* ».

Et puis, surtout, il y a ces manières de faire que personne n'a jusqu'ici envisagées. Par habitude : nous n'avions jamais songé ou essayé de faire autrement jusqu'ici. Ou par ignorance : nous ne pensions pas qu'il était possible de faire autrement.

C'est avec ces découvertes qu'apparaissent nos possibilités les plus concrètes de développer notre travail, et de lui donner plus de vitalité.

Il s'agit aussi d'engager de nouvelles formes de transgression, en transgressant les habitudes établies et jusqu'ici non remises en cause.

Notre vie professionnelle agrège une somme de gestes métier. Ceux qui nous ont été appris, ceux que nous avons découverts, que nous avons essayés avant de les intégrer ou de les abandonner, ou de les ajuster à notre manière personnelle de faire.

Tous ces gestes composent un répertoire, soigneusement conservé dans notre boîte noire. Ce sont ces gestes, ou ces adaptations de gestes, que nous gardons en tout ou partie pour nous, exclusivement. Ils nous sont trop précieux, et nous comprenons le risque qui existe à trop les partager.

En nous interrogeant sur ce que nous ne faisons pas, nous questionnons ces gestes, et avec eux tout notre répertoire, que nous allons pouvoir maintenant enrichir, ajuster.

En remettant en cause en profondeur nos habitudes passées et présentes, de faire ou de ne pas faire, nous engageons un important travail : nous devenons ainsi plus zélés que nous ne l'avons jamais été.

En nous habituant dans la longueur à ces questionnements, nous développons aussi la compétence qui nous permettra de poursuivre ce mouvement bien au-delà de sa première expérimentation.

En enrichissant nos gestes métier, nous faisons grandir notre travail, nous le rendons plus vivant encore qu'il ne l'était jusqu'ici.

Oubliez ce que vous faites, mais plus jamais comment !

Notre CV récapitule ce que nous avons fait, tout comme l'affichent les réseaux sociaux professionnels. Nous y déposons aussi éventuellement ce que nous aimerions faire.

Nous aimons bien, d'ailleurs, puisqu'on nous a dit que l'exercice était nécessaire, y intégrer quelques données chiffrées : chiffre d'affaires réalisé, dimension des équipes ou des projets gérés.

Nous faisons ainsi consciencieusement la promotion des résultats que nous avons obtenus.

Nos résultats intéresseront sûrement nos employeurs, recruteurs, clients, amis, financeurs, fournisseurs, partenaires, diffuseurs de contenus... lorsqu'il leur faudra choisir, trier, entre notre niveau de résultat obtenu et celui de nos compétiteurs.

Ces informations sur nos résultats sont synthétiques, comparables entre elles, vérifiables. Elles renvoient à des notions connues et partagées.

Elles seront d'ailleurs assez proches de celles qu'afficheront nos pairs, issus de formations équivalentes, ou avec des trajectoires professionnelles comparables à la nôtre. Nous allons donc pouvoir nous comparer, autant qu'être comparés.

Nous retrouvons ici ce souci d'objectivité que nous rencontrions précédemment lorsqu'il s'agissait de mesurer le travail.

En revanche, ces supports ne diront rien de la manière personnelle par laquelle nous les avons atteints.

Ces informations n'auront aucune utilité pour savoir comment nous travaillons (comment nous développons notre zèle) :

— À des tiers : elles n'apprendront rien de nos gestes professionnels propres, de nos choix en termes de manières de faire, de celles qui nous différencient, qui nous rendent plus (ou moins) efficaces, pertinents, selon le contexte.

— À nous-mêmes : elles ne diront rien de nos façons de faire préférées, de nos zones de confort et d'effort, des situations de travail dans lesquelles nous nous épanouissons...

Ces indicateurs, ces informations, ne sont d'aucune aide pour comprendre la réalité de ce que nous sommes. Puisque nous sommes tous particuliers : cette façon d'envisager nos présentations gomme nos singularités.

Comment pouvons-nous envisager notre épanouissement et notre efficacité au travail si nous ne clarifions pas l'essentiel auprès de tous ceux que cela concerne le plus directement : nous-mêmes, nos employeurs, nos collègues...

*

Pour cela, la première étape consiste à cesser de s'interroger sur le « pourquoi/pour quoi » nous faisons les choses, et de développer le questionnement sur le « comment » nous les faisons.

Ce questionnement par le « comment » offre notre clé d'accès à notre travail, et à notre épanouissement, qu'il soit professionnel autant que personnel.

Il nous appartient ensuite d'étendre ce questionnement, de le rendre habituel, qu'il devienne le fil rouge de notre développement professionnel, personnel, et de notre épanouissement.

La richesse particulière du « directeur qui ne court jamais », qui lui donne cette capacité à engager le redressement de l'usine qui lui a été confiée, ne tient pas que dans sa formation et ses expériences passées.

Sa valeur est de savoir interroger sur le « comment faire », et de transgresser les usages qui lui sont présentés comme les meilleures pratiques à suivre ou les consignes impératives pour son poste, son rôle.

C'est aussi ce qui donne au brancardier ou au pilote évoqués précédemment leur talent bien à eux. Gageons, à les entendre parler de leur travail, qu'ils y trouvent matière à s'y épanouir.

*

Cessons donc de nous concentrer sur ce que nous avons fait les dix dernières années, l'année dernière, la veille.

Cessons de nous demander ce que nous ferons le mois prochain, dans trois ou dans dix ans.

Mais ne cessons plus jamais de nous demander comment nous avons fait, comment nous « n'avons pas fait », et comment nous allons faire ou essayer de faire.

Là se trouve le secret de ceux qui ne s'ennuient jamais au travail.

Et plus généralement de ceux qui – au fil de leur vie – ne s'ennuient tout simplement jamais. Une vie qui dépasse de très loin celle passée au travail.

Faut-il partager ses « trouvailles » ?

À chercher comment nous travaillons, et comment nous pourrions travailler autrement, nous allons peu à peu découvrir nos « trouvailles ».

Nous allons les enrichir, et nous allons leur en ajouter de nouvelles : notre répertoire de gestes métier s'enrichissant, nous étendons notre zèle, ce qui nous permet de faire de plus en plus du bon (et du beau) travail.

L'élaboration de ces trouvailles est à l'origine de notre plaisir et de notre épanouissement au travail, en même temps qu'elle nous permet de dépasser les inévitables résistances que nous rencontrerons dans la réalité de notre activité.

Parmi ces trouvailles, comme le faisaient les collègues d'atelier de Taylor, nous glissons un certain nombre de ces transgressions qui nous permettent de « flâner ». Entendons par flâner, non pas la vision péjorative de Taylor, qui y voit une volonté d'en faire le moins possible, mais bien au contraire un levier qui nous permet d'ajuster au mieux notre rythme, de prendre du recul, de récupérer, d'anticiper, de sécuriser, de contrôler, pour gagner en performance.

Ces flâneries contribuent à la création de marges de manœuvre, pour rester dans le bon niveau de performance attendu... mais peut-être sans l'être trop non plus... et pour toujours disposer d'une capacité de réaction si un imprévu se présentait.

Comme les ouvriers de Taylor, nous sommes tous, quelle que soit notre profession, à la recherche de ces marges de manœuvre. C'est une question de survie au travail.

Dans les salles de contrôle des raffineries, les opérateurs apprennent par eux-mêmes à optimiser les temps passés dans les installations, pour en minimiser la durée, la pénibilité. C'est ce qui permet de respecter les règles de sécurité, tout en prenant soin de la solidarité dans l'équipe.

Tous les travailleurs de nuit : skippers, médecins, agents de gardiennage, conducteurs, n'ont jamais compté sur les procédures pour les aider à tromper l'ennui pendant la seconde partie de nuit, mais sur leurs trouvailles.

L'installatrice de matériel médicalisé à domicile a appris à placer avec son patient des temps informels de quelques minutes de convivialité. Ils lui permettent d'obtenir ensuite sa pleine attention au moment de lui transmettre les consignes essentielles pour la gestion de son traitement en autonomie.

Tout directeur général apprend à faire face à sa manière à un comité de direction dont il connaît les rivalités internes et les contestations, pour l'emmener vers le changement et la transformation, dans le respect de la performance.

Le collègue ouvrier à la chaîne chez Citroën de Robert Linhart[1] en 1968 avait appris à s'adapter au rythme de la chaîne, pour la « remonter » en accélérant sa cadence, pour ensuite disposer du temps nécessaire pour fumer une cigarette avant de reprendre sa place. C'est – notamment – ce qui lui permettait de tenir le rythme au fil des journées de travail.

Tous ceux qui badgent leurs entrées/sorties sur leur lieu de travail ont élaboré un florilège de trouvailles pour gérer au mieux les contraintes du pointage. C'est ce qui leur permet de réconcilier les

---

[1] *L'Établi*, Robert Linhart, 1978.

contraintes de la badgeuse avec celles du travail à faire et de la vie privée.

L'opératrice qui surveille le bon fonctionnement de plusieurs lignes de fabrication a appris à répartir son attention entre ses machines, tout en se réservant des temps de détente. C'est ce qui lui permet de maintenir à un niveau suffisant son attention, tout en disposant du temps pour une intervention d'urgence si nécessaire.

Un commercial, un dirigeant, un entrepreneur, un responsable d'activités, un chef de produit, comme tous ceux qui ont la charge d'un budget, savent comment optimiser les clôtures d'exercice, pour répartir les budgets au mieux entre l'année écoulée dépensée et l'année à venir à dépenser.

Les maçons, plâtriers, plombiers, tous les acteurs du bâtiment, mais aussi les informaticiens, maîtres d'œuvre de tous types de métiers, tous ceux qui fonctionnent en mode projet, apprennent à intégrer dans leur gestion de planning une part importante d'aléas, quels qu'ils soient.

Le conducteur de train, lorsqu'il se lance dans une séquence de conduite, a appris, autant que possible et par ses trouvailles, à gérer les inévitables baisses d'attention, si stressantes par les conséquences qu'elles pourraient entraîner en cas d'accident.

*

Toutes ces astuces, ces transgressions, imaginées pour rendre compatible la réalité de l'activité avec les règles, ne doivent pas être confondues avec de la fraude, ou de la malhonnêteté. Tous les professionnels cités dans les exemples qui précèdent recourent au contraire à ces trouvailles, à ces transgressions, pour faire le meilleur travail possible, incompatible avec ce qui relèverait du vol, de l'escroquerie, de la tromperie.

Mais il est vrai que la limite peut parfois être ténue entre la « bonne transgression » et la « mauvaise transgression ».

La « bonne transgression » peut se partager avec un proche, dans les cercles professionnels, amicaux ou familiaux, lorsque la confiance est là. Ceux avec qui nous la partageons en comprennent le sens, la portée, et comprennent qu'elle n'a pas les conséquences qu'aurait la « mauvaise transgression ». Ils en voient la finalité : faire du bon boulot, pour atteindre ou dépasser nos objectifs.

La « mauvaise transgression » ne peut pas se partager. Ou alors nous ferions de notre interlocuteur un complice de pratiques dont les conséquences vont bien au-delà de la recherche d'un travail bien fait, pour devenir possiblement des faits délictueux, dangereux, et causant ou susceptibles de causer des torts.

Les « bonnes transgressions », les trouvailles, sont absentes des consignes, procédures et règlements, mais sont tolérées – avec plus ou moins de facilité – par la hiérarchie, l'organisation, le métier, les clients... qui pourtant bien souvent les connaissent, ou les soupçonnent.

On pourrait d'ailleurs imaginer que certaines de ces trouvailles puissent être officialisées.

Si elles ne le sont pas, c'est en général que la hiérarchie craint en le faisant de créer des désordres, des abus.

Car dans ce contexte de création informelle des trouvailles, dans lequel nous évoluons tous, la question se pose de leur partage avec nos collègues, nos supérieurs hiérarchiques, et plus généralement avec tous ceux qui contribuent à organiser le travail, et dont la mission consiste à définir ce qu'il faut faire, comme ce qu'il ne faut pas faire.

Et si nous faisions l'inventaire de nos trouvailles, de celles qui nous permettent de nous en sortir au mieux : pour faire du bon boulot, pour respecter les délais, pour accommoder vie privée et vie professionnelle, pour atteindre nos objectifs, pour maintenir nos revenus au niveau espéré ?

Ces trouvailles, nous les connaissons bien. C'est même la part de notre travail que nous maîtrisons le mieux, avec le plus d'agilité.

Nous en partageons certaines avec nos collègues, confrères les plus proches.

Il est probable que l'essentiel de ces trouvailles, nous préférions les garder pour nous.

Pourquoi ?

Parce que nous ne voulons pas être traités comme l'ont été les ouvriers collègues de Taylor.

Et comme tous ceux qui a posteriori ont eu à regretter d'avoir un jour trop partagé de leur boîte noire, au prix d'une perte d'autonomie.

C'est ce qui nous encourage à garder nos trouvailles pour nous.

Lorsque la hiérarchie s'approprie nos trouvailles

Notre environnement professionnel, souvent, cherche à nous faire parler de nos trouvailles... quand il ne nous y contraint pas.

C'est par exemple ce que font les entreprises lorsqu'elles cherchent à modéliser leurs processus.

L'objet de ces démarches n'est pas toujours très clair. Il s'agit souvent de clarifier des modes opératoires, pour faciliter l'accueil des nouveaux embauchés, pour clarifier les usages actuels avant de réfléchir à leur amélioration...

Il peut s'agir de clarifier ces modes opératoires pour les informatiser. Ou pour les externaliser, en les confiant à des sociétés extérieures : prestataires moins coûteux que les salariés actuels. Dans cette situation, ceux qui ont accepté de décrire comment ils travaillent, au moyen de ces modes opératoires, perdront certainement leur emploi une fois que leur travail aura été transféré à d'autres.

*

La question de nos boîtes noires reste absolument d'actualité, avec celle du risque que nous courons à partager les trouvailles qui s'y trouvent.

Les techniques managériales récentes ne font ni plus ni moins que poursuivre l'approche taylorienne de mise à plat de nos boîtes noires, pour standardiser et « normaliser » nos manières de travailler. Avec un objectif : rationaliser, pour gagner en productivité (ou en performance, ce qui pudiquement permet de reléguer en arrière-plan la recherche de productivité).

La voie pour y parvenir est cependant un peu différente de celle de Taylor en son temps, puisqu'il est admis – en tout cas dans nos sociétés – que pour parvenir à cet objectif, il est nécessaire d'obtenir l'adhésion des salariés.

Si Taylor accédait à la boîte noire de ses employés par effraction, disons qu'aujourd'hui l'accès à cette boîte noire se fait avec l'accord de leur propriétaire.

Qu'il convient donc d'obtenir.

Reste à savoir comment.

Les théories managériales proposent des solutions.

*

Parmi elles, la plus actuelle, l'entreprise libérée, promet, grâce à un mode de gouvernance rigoureux, l'holacratie, de supprimer les niveaux hiérarchiques : redonner l'autorité et l'autonomie aux opérationnels, en les rendant responsables des manières qu'ils trouveront d'organiser leur travail, individuellement et collectivement.

Cette promesse d'une entreprise sans chefs, où chacun retrouve toute sa latitude d'action et de décision en accord avec le groupe, ne peut que séduire. Elle offre aux équipes la plus formidable opportunité de faire du zèle !

Avec une consigne très légère, centrée sur une description essentielle du résultat attendu, c'est à l'imagination, à l'initiative de chacun, et à l'intelligence collective que l'on fait appel, avec confiance.

On ne peut que se réjouir d'une telle ambition.

*

Dans cette approche « libérée » de l'entreprise, les salariés, pour travailler entre eux et s'organiser, n'ont d'autres manières d'y parvenir que de partager entre eux leurs manières de faire, de façon aussi transparente que possible.

Il est évident et souvent enthousiasmant de s'engager dans ce partage de nos trouvailles. Nous avons tout à y gagner :

— D'abord parce que c'est une expérience riche. Elle est porteuse de sens, puisqu'à chacun est offerte l'opportunité de contribuer positivement à l'amélioration collective du travail.

— Ensuite parce qu'enfin, l'institution qui nous emploie nous offre la possibilité de donner toute sa place à notre zèle. Avec tout ce que nous attendons de l'exercice : apprentissage, gains d'efficacité, ajustement de notre contexte de travail à nos objectifs, nos préférences, reconnaissance de notre travail que nous rendons visible en le partageant...

Mais cette espérance de gain s'oppose à un principe de réalité : aucune garantie ne nous est donnée qu'après que nous avons offert ainsi nos trouvailles, la hiérarchie en fasse bon usage, et qu'elle n'en profite pas un jour :

— Pour resserrer les consignes pour que cessent des habitudes jusque-là ignorées mais maintenant connues, qu'elle estimerait (à notre corps défendant et contre notre avis) inadaptées.

— Pour intensifier le travail (en chassant les temps qu'elle considérerait relever de la « flânerie » au sens de Taylor).

— Pour supprimer les postes jugés inutiles après la réalisation des gains de productivité obtenus une fois le travail intensifié.

- Pour transférer à d'autres le travail dont elle connaîtra désormais en détail le contenu : en l'automatisant, en le sous-traitant, en le délocalisant.
- Pour standardiser les pratiques en les alignant sur celles qui auront été jugées les plus performantes, au détriment de l'autonomie et de notre nécessité de mettre le travail à notre main.

À ce constat tranché, critique de ce que pourrait nous offrir cette libération de l'entreprise, pourrait être opposée la bonne foi de ceux, dirigeants et managers, qui engagent ces transformations.

Et si ces critiques ne relevaient finalement que du procès d'intention ? Pourquoi ne pas croire ce dirigeant, lorsqu'il demande la confiance de ses équipes : JAMAIS il ne trahira cette confiance, JAMAIS il ne fera mauvais usage des trouvailles qu'elles vont partager, y compris lorsqu'il s'agira de ces transgressions des règles.

Le risque que nous prenons lorsque nous livrons la part la plus personnelle de notre zèle est considérablement plus important que celui que prend la hiérarchie qui les recueille, qui a, elle, tout à gagner à glaner les « secrets de fabrique » de ceux qu'elle emploie.

L'organisation, par l'intermédiaire de sa hiérarchie, peut en effet à tout moment reprendre la main sur les trouvailles de ses employés. Lorsque c'est le cas, ces derniers ne peuvent plus rien faire pour « récupérer » les manières de faire qu'ils ont partagées.

L'entreprise libérée (et avant elle, le *lean* management, les cercles de qualité...) repose sur une confiance, réciproque :

- Confiance qu'accorde l'entreprise en écoutant au plus près les trouvailles de ses employés, pour en faciliter le développement.
- Confiance qu'accordent les employés en livrant leurs trouvailles.

Ces histoires commencent toujours bien.

Elles sont merveilleuses et représentent de formidables accélérateurs de performance, des catalyseurs incroyables de talents, d'engagement et d'épanouissement des équipes.

Mais ces histoires se terminent mal – en général.

Pour ne pas dire toujours.

Partager ses trouvailles : une histoire qui se termine mal. En général.

Les histoires collectives de partage de nos trouvailles commencent bien. Aussi bien qu'elles se terminent mal – en général.

Nous ne devons pas oublier qu'une trouvaille, une fois partagée, l'est à jamais. Dans ce sens, la confiance accordée à l'entreprise par son employé l'est à durée indéterminée. Ce qui est donné ne pourra être repris.

En revanche, la confiance accordée à l'employé par l'entreprise reste beaucoup plus précaire. Elle peut être reprise à tout moment : à l'occasion d'un changement d'actionnaire, de direction générale, ou de tout projet de réorganisation ou de refonte des outils de gestion, de changement de conjoncture, ou de rupture technologique.

Toutes ces démarches procèdent d'une bonne intention initiale, qu'il serait injuste de contester a priori. Bien au contraire : le projet, comme les méthodes proposées, est enthousiasmant. C'est écrit ici sans ironie.

Il faudrait en revanche que ces méthodes s'appuient sur l'engagement de l'employeur de demeurer juste et raisonnable dans l'utilisation des trouvailles partagées.

La réalité montre que cela n'est possible qu'un moment... Il arrive toujours un temps où les événements amènent l'employeur (qui aura peut-être entre-temps changé ?) à réviser les conditions d'utilisation des trouvailles collectées.

*

Les équipes responsables du conditionnement des pistons, évoquées plus haut, en ont fait les frais.

Après avoir contribué à une série d'audits de leurs postes de travail, elles ont subi leur standardisation, partagée avec tous les sites du groupe. La direction du site, malgré ses tentatives, n'aura pu empêcher ce projet, qui finit par faire disparaître ce qui rendait le travail tellement supportable aux tables de conditionnement.

Disparues, les tables de quatre, remplacées par des postes individuels. Supprimés, les déplacements ponctuels qui permettaient à chacun d'aller chercher les pièces lorsqu'il en manquait, ou de porter à l'entrepôt les palettes pleines de produits conditionnés. Abandonnée, la part de polyvalence, remplacée par une hyperspécialisation de l'activité et des gestes pour la réaliser.

Dans l'ensemble, le travail reste le même en termes de résultat (des pistons réceptionnés, conditionnés et réexpédiés). La rentabilité s'est très marginalement améliorée grâce à la suppression de quelques postes. Et très provisoirement seulement.

En revanche, ce qui faisait tourner l'atelier : les échanges informels entre collègues par-dessus la table de travail, la mobilité dans l'atelier, les échanges intergénérationnels... tout cela a disparu. Les effets négatifs du désengagement collectif ont très vite pris le dessus sur les gains de productivité espérés par la standardisation : absentéisme, cadences ralenties, fin des dépassements spontanés d'horaires pour terminer une commande, difficultés à trouver des volontaires pour des jours supplémentaires travaillés...

*

Partager notre travail, c'est prendre un terrible risque.

Que nous devons évaluer seuls, puisque seuls nous serons demain à profiter des bénéfices de ce partage... ou à en faire les frais.

L'évaluation du risque que nous prenons à partager la dimension la plus intime de notre zèle avec ceux qui nous entourent au travail est une question sérieuse.

Nous le savons, plus ou moins consciemment. C'est la raison pour laquelle nous nous la posons en permanence, que nous nous en rendions compte ou non.

Cela s'observe particulièrement pendant la formation d'un nouveau collègue. Si nous partageons facilement les consignes, les manières officielles de faire, partager notre manière personnelle de travailler est une autre histoire. Nous l'envisageons avec beaucoup plus de prudence.

Les trucs et astuces du métier seront dévoilés au fil du temps, et de l'installation d'une confiance que nous aurons vérifiée, testée, auprès du nouvel arrivant en formation.

Même entre certains très anciens collègues, certaines trouvailles personnelles resteront non dites. Sans qu'il s'agisse forcément d'un manque de confiance, mais plutôt d'une certaine prudence, calculée. Nous nous assurons aussi de garder la main sur les aspects que nous jugeons les plus critiques de notre travail.

*

La période actuelle, marquée par une précarisation de l'emploi, et l'accroissement de l'insécurité professionnelle, nous pousse plus que jamais à la prudence lorsqu'il s'agit de partager en détail nos manières de faire.

Nous allons voir que cette tendance n'est pas sans conséquence, car lorsque nous refusons de partager nos trouvailles, nous nous privons aussi d'une ressource unique pour développer notre travail, et nous y épanouir : le collectif.

Le collectif de travail : excipient ou principe actif de notre épanouissement ?

« Oui, ma vie
Ce fut d'être celui qui souffle – et qu'on oublie !
Vous souvient-il du soir où Christian vous parla
Sous le balcon ? Eh bien ! Toute ma vie est là :
Pendant que je restais en bas, dans l'ombre noire,
D'autres montaient cueillir le baiser de la gloire ! »

Edmond Rostand
Cyrano de Bergerac *(1897)*

Collectif, collectif, vous avez dit collectif ?

Avez-vous remarqué la banalisation de l'usage du terme « collectif » ?

Ce mot, « collectif », est devenu une sorte de mot-valise, convoqué dans les occasions les plus diverses… de la machine à café aux réunions d'équipe, des séminaires aux entretiens individuels, du discours politique aux échanges quotidiens de proximité… jusqu'au domaine sportif, d'où il vient. C'est d'ailleurs lorsqu'est filée la métaphore sportive qu'on l'utilise le plus naturellement au travail.

Le « collectif » est sursollicité. Il s'agit habituellement de nous plaindre de son absence, ou de nous féliciter de son existence, souvent pour fédérer un auditoire autour d'une action commune.

Le plus souvent, le recours au collectif intervient lorsque l'environnement – le management, les collègues d'une équipe – se plaint d'un excès d'individualisme.

Mais à force de s'en servir, le terme de « collectif » s'est comme usé. Il a gagné, avec la patine acquise, la vertu de pouvoir embarquer à peu près tout ce que chacun veut y loger comme sens. Mais il y a perdu son sens véritable.

Lorsqu'on y recourt, il est formidable qu'il ne soit jamais demandé à son utilisateur de préciser l'usage qu'il entend en faire dans l'échange. Parce que c'est sans importance : l'orateur y met le sens qu'il souhaite, l'auditeur le sien. Le dialogue fonctionne. Ou semble fonctionner, car il ne porte sur aucun objet commun.

Le recours au terme de « collectif » suffit à créer une impression de sens partagé au discours, et à donner l'élan attendu à la discussion.

C'est commode.

Oui, mais c'est aussi ennuyeux.

Cela conduit à confondre – en vrac – le travail collectif, le collectif de travail, le travail en groupe, le groupe de travail, l'esprit d'équipe, l'esprit collectif, la solidarité, l'entraide...

*

Pour partager une définition valable du « collectif », et pour revenir dans le domaine du travail, notons au préalable que le travail est par nature une activité collective.

Parler de « travail collectif » est un pléonasme.

On ne peut pas travailler seul.

Il existe inévitablement autour de nous des personnes destinataires ou partenaires de notre travail, contributeurs directs ou indirects, formateurs, conseils, supports...

Nous allons surtout voir comment le collectif s'impose comme l'élément essentiel de notre épanouissement au travail.

Il est probablement le levier le plus efficace pour y parvenir.

Mais cela nécessite toutefois de savoir de quel collectif on parle.

*

Ce sont les cliniciens du travail qui ont fourni la définition la plus utile du collectif de travail : le collectif de travail regroupe tous ceux qui mettent en discussion en les confrontant leurs gestes métier.

Par gestes métier, il faut toujours entendre ces notions approfondies au fil de ces pages : trouvailles, zèle, manières de faire, transgressions, astuces de métier… Tout ce que nous rangeons dans notre boîte noire, les « secrets de fabrication » de notre travail.

Nous avons vu précédemment que le partage de nos trouvailles ne va pas de soi. Trop les partager devient dangereux. C'est la raison pour laquelle le collectif ne va pas non plus de soi, bien au contraire. Il se construit, sur un temps parfois long et sur la confiance.

En revanche, il se détruit très rapidement, en un instant, si la confiance est rompue.

Pour autant, attention à ne pas confondre le collectif de travail avec ce qu'il n'est surtout pas :

– Lorsqu'une équipe s'entend bien : s'il ne s'agit que de ça, alors il s'agit de convivialité, laquelle ne fait pas le collectif de travail.
– Lorsqu'elle discute de ses réalisations, des actions menées, mais sans se disputer sur les manières très personnelles et parfois transgressives de chacun : il ne s'agit pas non plus de collectif, mais de bavardage.

Et comme nous savons tous – sans l'avoir forcément conceptualisé – l'importance d'être prudent dans le partage de nos transgressions, la théorie comme la pratique montrent que lorsqu'une équipe parvient à « bien s'entendre » sans partager ses manières de faire, cette convivialité bien établie a une utilité : elle masque l'absence de collectif de travail !

Elle agit comme une stratégie défensive. Elle suffit à faire croire à un observateur extérieur pas trop attentif à la chose que cette équipe a un « bon collectif ».

*

On ne reconnaît pas l'existence d'un collectif de travail à la convivialité, à la bonne ambiance qui y règne, aux gens sympas qui le composent...

... On reconnaît un collectif de travail à sa capacité à se disputer avec passion sur les modalités les plus personnelles et particulières de la réalisation du travail par chacun de ceux qui le composent, en incluant certaines de leurs transgressions.

En observant une équipe en discussion, on doit être en mesure de repérer des échanges, des disputes, qui vont bien au-delà d'une simple critique des consignes (critiquer les consignes étant le propre de n'importe qui), pour évoluer vers un débat sur les modalités d'application des consignes.

Le collectif de travail parle sérieusement du travail, dans ce qui tient le plus à cœur à chacun. On doit trouver dans ce qui est mis en débat des traces du zèle de chacun, de ses entorses aux consignes et aux habitudes, indispensables pour atteindre un haut niveau de performance. Dans ces débats, on reconnaît que l'officieux se confond avec l'officiel : on y parle avec passion et honnêteté du travail et des transgressions.

Pour obtenir ces collectifs, il faut d'abord que l'expression de ces transgressions soit possible, et même encouragée, facilitée.

Dans une équipe, l'évocation de la transgression ne doit pas être immédiatement critiquée, étouffée, refoulée, comme c'est fréquemment le cas.

Bien au contraire, la transgression doit alimenter des dialogues sur les motifs qui en ont donné l'idée et la rendent du point de vue de son auteur nécessaire pour mieux travailler.

De débat en débat, ces échanges conduiront peut-être à revisiter la consigne ou les modalités de son application... ou à n'en rien changer.

*

À qui faisons-nous une place dans notre collectif de travail ?

À tous ceux avec qui nous partageons avec une certaine transparence nos gestes professionnels : dans ce qu'ils peuvent avoir de plus discret, de plus personnel, de plus risqué, et parfois de transgressif.

Nous sommes sélectifs. Prudents. Nous n'accueillons pas n'importe qui dans notre collectif. Dans notre équipe, parmi nos proches collègues ou confrères, certains en font partie, d'autres non. Notre supérieur hiérarchique peut en faire partie. Ou non. Nous y acceptons certains de nos clients, mais pas tous. On peut y trouver d'anciens collègues, formateurs, amis...

Cela dépend fondamentalement du fait que nous partagions – ou non – un niveau de confiance suffisant pour aborder ensemble nos trouvailles

Notre épanouissement au travail débute par l'inventaire de ceux avec qui nous travaillons, vraiment : ceux avec lesquels nous faisons du zèle. Ensuite, de ceux avec qui nous ne faisons que « collaborer », « passer du temps au travail ».

Plus nous élargissons le cercle de ceux avec qui nous partageons notre zèle, plus nous agrandissons notre collectif de travail, et plus nous élargissons le champ possible de notre épanouissement professionnel et personnel.

*

Sans collectif, il ne peut y avoir de motivation, d'engagement et d'épanouissement. Seul le collectif permet cette confrontation de nos zèles et de nos transgressions, qui est la source la plus riche...

- D'innovation individuelle autant que collective,
- D'épanouissement et de motivation,
- De cohésion,
- Et finalement de performance partagée.

Définitivement, le collectif de travail n'est pas accessoire, mais essentiel au bon déroulement du travail et à l'épanouissement de ceux qui le réalisent.

Dans un médicament, l'excipient permet d'en faciliter l'administration.

Son principe actif délivrera ses effets bénéfiques.

Le collectif de travail est trop fréquemment utilisé comme excipient, pour faciliter l'administration du travail, alors qu'il s'agit du plus puissant des principes actifs pour faire émerger de l'épanouissement au travail...

... et de la performance.

La meilleure des bonnes pratiques ? S'en passer !

Si le collectif de travail est un accélérateur de performance et d'épanouissement, la « bonne pratique » en est l'un des meilleurs freins.

La bonne pratique porte en elle la promesse inverse du collectif : celle de mettre tout le monde d'accord sur une manière de faire unique.

Lorsqu'apparaissent un dysfonctionnement, une baisse d'activité, un incident ou un accident, des tensions dans une équipe, au sein d'un métier, d'un magasin, d'un atelier, d'un bureau… l'organisation, par l'intermédiaire de sa hiérarchie, aime lancer des « groupes de travail ».

Ces groupes de travail ont généralement comme objectif d'établir les bonnes pratiques qui auront vocation à devenir les manières de faire de référence : celles dont on aime à penser qu'elles permettraient d'éliminer les tensions, avec un travail redevenu efficace.

Ces bonnes pratiques sont de facto considérées comme convenant à tous, puisqu'elles ont été établies à partir de l'expression des équipes elles-mêmes, qu'on a pris soin de faire participer aux groupes de travail.

Sauf que…

Sauf que par nature, ces groupes de travail se réunissent – souvent – dans des contextes de crise, ou d'importantes transformations, dont ils doivent atténuer les effets.

Il se trouve que dans ces moments tendus, par définition, la confiance n'est plus là, ou moins là.

Il est extrêmement rare que ces groupes de travail réunissent un niveau de confiance suffisant pour que s'y engage un débat sincère sur le travail. En surface peut-être, mais sur le zèle et ses transgressions : non, pas un seul instant.

Un management qui présente les bonnes pratiques comme la collecte des meilleures manières de travailler n'a en réalité rassemblé le plus souvent qu'une très maigre part de la manière dont on fait le travail. Et encore s'agit-il de la part concédée par les participants pendant les groupes de travail, souvent la moins intéressante : plus petit consensus possible sur les consignes à respecter et les objectifs à atteindre.

*

Tout aussi problématique, la bonne pratique a vocation à être unique pour tous. Elle aimerait décrire la manière unique de travailler. Ce qui s'oppose fondamentalement à l'essentiel : la diversité irréductible de nos manières de travailler.

Vouloir uniformiser le travail, c'est continuer de s'attaquer au vivant du travail... comme s'y attaquait déjà Taylor en son temps, finalement.

*

Il ne s'agit pas, bien sûr, d'interdire toute production de règles ou de consignes. En revanche, cela doit nous encourager à en produire le moins possible, et à nous concentrer toujours sur les régulations les plus indispensables, en confiant les autres à l'intelligence individuelle et collective des travailleurs.

Cela nécessite enfin d'organiser ou de permettre des moments et des espaces de discussion pour que s'expriment les disputes sur les facilités et les difficultés que nous rencontrons pour faire le meilleur boulot possible, avec ou malgré les règles. C'est à ce moment que se constituera et se développera le collectif, suivi rapidement de son cortège de bénéfices.

La bonne pratique est à l'opposé de tout cela.

Dans tous les cas, la bonne pratique découragera notre envie de faire du zèle et de nous investir dans le renouvellement de nos manières de faire, individuellement et surtout collectivement.

En restreignant notre part de zèle, la bonne pratique et toutes les approches qui s'y apparentent abîment notre travail, entament sa part vivante, détruisent le collectif.

C'est pour cette raison que ces démarches, de « bonnes » ou de « meilleures » pratiques, restent fondamentalement délétères et contre-productives :

- Car, tout en faisant croire à l'engagement sincère de discussion sur le métier,
- elles considèrent que ces discussions peuvent avoir une fin (la validation de la bonne pratique), ce qui est faux : ces discussions sont infinies.
- Elles tuent de cette manière toute chance de voir se poursuivre ces débats.
- Elles empêchent ainsi aussi l'enrichissement du métier et des pratiques professionnelles.

Fort heureusement, lorsque nous nous trouvons contraints d'appliquer de bonnes pratiques, nous nous découvrons toujours suffisamment habiles pour parvenir à les contourner, discrètement, grâce à nos transgressions.

Jusqu'à un certain point...

*

La situation devient dangereuse lorsque la hiérarchie applique ces bonnes pratiques de manière trop contraignante, finissant par nous empêcher de bien travailler.

Rappelons-nous toujours qu'une procédure ne fonctionne que parce qu'elle n'est pas appliquée.

Le plus essentiel ne sera jamais de dicter la meilleure manière de faire, mais de laisser la place à des discussions permanentes, engagées et donc conflictuelles, sur les meilleures manières de faire. Entre tous. Collègues, chefs, clients, fournisseurs, confrères, parfois concurrents...

La règle est là pour fixer les limites dans lesquelles le travail doit s'engager. Notre travail se développera dans l'espace délimité par ces limites.

Dans l'évaluation de notre situation personnelle, au travail, pouvons-nous, osons-nous mettre en discussion nos manières de faire ? Les consignes sont-elles au bon niveau de détail pour guider notre travail, sans l'empêcher ?

Nos réponses à ces questions nous donnent une idée du niveau de vitalité de notre travail. Et du potentiel d'épanouissement que nous pouvons y trouver.

Les dilemmes de métier

Si toute procédure nécessite d'être transgressée pour fonctionner, la procédure se doit toutefois de donner le change... Elle doit au moins se donner l'air d'être fonctionnelle.

Il existe cependant des situations particulières, dans lesquelles, justement, les procédures ne parviennent pas à être crédibles. Elles sonnent trop « faux » pour ceux qui connaissent le métier.

On appelle ces situations des « dilemmes de métier ».

De quoi s'agit-il ?

Un dilemme de métier est une situation professionnelle caractéristique et inévitable du métier pratiqué, que ne peut trancher efficacement la consigne.

Si la consigne résout un des problèmes posés par le dilemme de métier, elle en aggrave ou en crée un autre.

Mais la consigne reste néanmoins souvent nécessaire, pour des questions qui peuvent être juridiques, ou de l'ordre de l'exigence de sécurité par exemple.

Le dilemme de métier se repère à une consigne que l'on sait ne pas être sérieusement applicable, mais sans que personne n'ait jamais pu, su, par quelle meilleure consigne la remplacer.

Il se caractérise aussi par des interprétations de la consigne qui mélangent de manière ambiguë l'officiel et l'officieux : par tous, et en particulier entre la hiérarchie et les subordonnés.

Lorsqu'il s'agit de dilemmes de métier, il existe comme une forme d'accord tacite à n'appliquer que partiellement la consigne. Mais sans omettre bien entendu de la rappeler officiellement, et d'expliquer, quelque peu hypocritement… qu'elle reste incontournable.

Dans ces exercices d'extrême souplesse et de contorsions sémantiques et réglementaires, la hiérarchie, et toute l'organisation avec elle, développe des compétences exceptionnelles pour s'en sortir au mieux… tout en comprenant qu'il n'existe pas en la matière de solution parfaitement satisfaisante.

La souplesse atteint toutefois sa limite lorsque la hiérarchie se trouve en position de devoir défendre officiellement ses consignes sur les dilemmes de métier. Elle doit alors contredire tout haut (le rappel formel de la consigne) ce qu'elle laisse faire tout bas (son non-respect).

Aucune profession n'échappe à ces dilemmes de métier. On les repère car ils font débat dans tous les moments d'échange d'une équipe, ou entre collègues, ou entre des subordonnés et leur supérieur hiérarchique.

On en entend parler d'autant plus fortement que des tensions interpersonnelles enveniment les relations dans un collectif.

Les dilemmes de métier peuvent d'abord s'entendre à bas bruit, au travers de la plainte, simple, de ne plus arriver à « faire du bon boulot ».

Ils peuvent ensuite, s'ils n'étaient pas suffisamment bien instruits, se faire entendre à un niveau de bruit élevé où l'on distinguera en vrac de la souffrance au travail, de l'exposition aux risques psychosociaux, des conflits interpersonnels, du harcèlement.

Les dilemmes de métier sont au cœur des conflits. Mais très fréquemment, ignorés et écartés, ils s'en trouvent éloignés, comme repoussés à leur périphérie : le temps passant et la crise s'installant, ils s'effacent – mais continuent d'exister – pour laisser la place à des motifs de revendication plus communs.

Ce sont progressivement ces nouveaux motifs de revendication qui seront discutés, en lieu et place des dilemmes de métier, dont on ne parlera plus.

Ce remplacement pose un grave problème : lorsque toutes les parties prenantes au conflit croient avoir identifié le problème – d'apparence simple – sur lequel travailler pour résoudre le conflit, ils se concentrent en réalité sur un leurre.

Le problème réel, le dilemme de métier est, lui, embusqué, planqué, continuant à semer le trouble, à couvert, et de plus en plus difficile à saisir.

Voici cinq exemples de dilemmes de métier, tirés de situations réelles.

*

<u>À la rencontre de dilemmes de métier</u> : étoiles ou soins d'urgence ?

La réglementation des établissements de soins impose une traçabilité précise des actes médicaux réalisés, pour permettre leur facturation et leur remboursement.

Cette gestion à l'acte nécessite l'enregistrement de chacun d'entre eux par celui qui l'a réalisé.

Dans cet établissement, cette déclaration doit avoir lieu dans le service, au plus près du malade, immédiatement après la réalisation de l'acte. Pas question de saisir par exemple en une fois tous les actes de la journée : compte tenu du temps écoulé entre l'acte et son enregistrement, ce serait courir le risque d'un oubli.

Ce système déclaratif offre ainsi la possibilité de remonter l'historique des soins, et de retrouver leur auteur en cas de réclamation.

Très concrètement, dans l'outil informatique, un acte saisi, c'est une « étoile » inscrite sur la fiche journalière du patient, au moyen de l'un des PC du service.

Dans le discours des soignants, lors des interviews, les « étoiles » occupent une place surprenante.

Dans le service, aux côtés des soignants et des patients, saute aux yeux toute une série de contraintes qui manifestement ne permettent pas au soignant de répondre à l'impératif de saisie des étoiles au fil des soins.

La liste de ces contraintes est infinie ; elles font partie de l'activité courante et n'ont rien d'exceptionnel. Par exemple, la stérilisation des équipements interdit l'utilisation de l'ordinateur – qui n'est pas stérile – pour saisir les étoiles ; les soins à réaliser en urgence nécessitent une priorisation des tâches qui exclut la saisie des étoiles en temps réel ; certaines chambres ou portions de couloir n'ont pas de wifi, ce qui interdit l'utilisation du PC, et par voie de conséquence la saisie des étoiles...

Le soignant arbitre donc en permanence entre soins et saisie d'étoiles. Et fait au mieux. Parfois au détriment des soins – très rarement –, mais très souvent au détriment des étoiles.

Sauf que l'outil informatique alerte dès qu'il repère des saisies atypiques : lorsque des étoiles sont saisies en masse, lorsque des patients ont anormalement peu d'étoiles dans leur dossier...

C'est le directeur de la clinique lui-même qui effectue ces contrôles, aléatoirement, et transmet pour avertissement les anomalies relevées aux cadres de service qui ont comme mission de relayer ces avertissements aux soignants concernés.

Les soignants qui reçoivent ces avertissements se désespèrent de subir ces actes managériaux qui ignorent les contraintes essentielles de leur travail.

Le dilemme est là : personne ne remet en cause la nécessité de tracer les actes, à commencer par les soignants eux-mêmes. Mais personne n'imagine non plus un soignant mettre en danger un patient pour lui préférer la saisie des étoiles.

La réalité de la vie du service et de l'activité qui s'y déroule fait qu'en toutes circonstances apparaîtront des événements, des aléas, qui opposeront soins et saisie des étoiles.

Comment faire ?

Aucune consigne ne répondra jamais de manière satisfaisante à ce dilemme de métier.

La réponse ne se trouvera que dans la discussion qui permettra de gérer au mieux la tolérance indispensable à l'enjeu d'une traçabilité suffisante des actes, au plus près du patient, mais qui tienne compte des soins en cours.

Le dilemme de métier se cache ici. Il se traitera avec une très subtile gestion de l'élaboration de la consigne, indispensable, puis de l'acceptation d'exceptions officielles ou officieuses selon les situations.

Ni laxisme.

Ni tolérance zéro.

*

À la rencontre de dilemmes de métier : vaut-il mieux tromper son chef ou son client ?

Un grand groupe industriel français confie à un prestataire la gestion informatique de ses équipements : ses gros serveurs, ses PC, dont une partie contribue directement à la conception et à la fabrication des équipements ensuite commercialisés. L'informatique revêt donc une importance essentielle pour l'activité.

Les engagements pris par le prestataire sont négociés avec la direction du groupe. Dans chaque usine, le prestataire détache une équipe de consultants.

Le consultant local sur site a donc un client direct, le salarié de l'usine qui le sollicite en cas de dysfonctionnement. L'intervention a un coût, que la hiérarchie du consultant ne souhaite pas toujours engager à la hauteur de ce qui permettrait de satisfaire au mieux le client. Bien sûr, la hiérarchie du prestataire ne souhaite pas que la direction de son client l'apprenne.

Le consultant est donc pris dans cette injonction contradictoire : entre l'utilisateur qui attend une réponse techniquement dans les règles de l'art, et sa hiérarchie qui le lui interdit.

Le consultant – prudent – obéira à sa hiérarchie, mais va générer un utilisateur insatisfait. Lequel finira par saisir sa propre direction, du site, qui reviendra vers son interlocuteur local : le consultant.

Ce même consultant, aussi prudent soit-il, va faire face – seul – à ce dilemme insoluble :

— Dire qu'il a reçu l'instruction de sa hiérarchie de répondre de manière dégradée, c'est risquer une sanction de cette même hiérarchie.

— Dire qu'il applique la règle de l'art, alors que ce n'est pas le cas, c'est mentir, et prendre le risque que cela finisse par se voir. Et de le faire passer pour ce qu'il n'est pas : un incompétent. Et de recevoir une sanction.

Une règle ne saurait trancher cet arbitrage entre qualité et coût, bien qu'en l'espèce, les règles soient nombreuses. Elles noircissent les centaines de pages de l'épais contrat signé entre les directions du prestataire et du client.

Le dilemme est là : la négociation permanente entre la maîtrise du coût de l'intervention et son utilité se loge au cœur du métier et de l'activité.

Comment faire ? Comme pour les soignants et les étoiles, aucune consigne ne répondra jamais de manière satisfaisante à ce dilemme de métier.

La solution se trouve ici aussi dans le dialogue à établir pour gérer les exceptions aux consignes, sommes de transgressions négociées et acceptées, officiellement parfois, officieusement souvent.

Ces transgressions constitueront une forme de donnant-donnant entre les parties, au plus près des utilisateurs, dans le respect des principes les plus essentiels du contrat signé entre l'industriel et le prestataire.

*

À la rencontre de dilemmes de métier : comment ne pas annoncer une fermeture d'usine ?

Tout porte à croire que cette usine française de compresseurs vit ses dernières années : le groupe transfère les lignes de fabrication une par une en Roumanie, l'usine se vide d'année en année et maintenant de mois en mois de ses machines et de ses salariés.

La question de la pérennité des emplois encore présents sur le site mobilise tous les esprits. Tous, sauf celui du directeur de l'usine qui continue de faire preuve d'un optimisme étonnant, ou en tout cas, d'un certain relativisme : s'il veut bien considérer qu'une fermeture pourrait intervenir, un jour, tout est tellement incertain qu'il ne sert à rien de se désespérer. Au contraire. Céder au pessimisme revient à tomber dans le piège de la prédiction autoréalisatrice : à force de craindre et de présager la fermeture, les équipes vont finir par la rendre inévitable.

Au contraire, il faut s'engager, pour montrer que le groupe a toujours intérêt à conserver l'usine et ses emplois… Le directeur de l'usine répète à l'envi que : « *Ça fait des années que j'entends parler de la fermeture de l'usine, et elle est pourtant toujours là. Alors, je ne vois pas pourquoi cela ne continuerait pas !* »

Sauf que lorsque nous approfondissons nos échanges avec le directeur du site, ce dernier accepte de reconnaître – parfaitement confidentiellement – qu'il est en réalité convaincu que le site ne survivra pas plus de vingt-quatre mois. Même si, avec lui aussi, la direction générale du groupe refuse toujours d'évoquer toute décision de fermeture du site.

Ce moment de sincérité éclaire enfin son dilemme de métier : il comprend qu'il est urgent de travailler au développement de l'employabilité des salariés de l'usine en prévision de leur licenciement...

... ce qu'il ne peut pas faire puisqu'il ne peut officiellement travailler sur la fermeture tant que le groupe ne l'a pas actée. Ce serait sinon déclencher une crise sociale qui conduirait à une fermeture encore plus rapide.

Tenir cette position et continuer de ne rien faire en restant dans le déni, c'est gâcher les vingt-quatre mois qui feraient la différence pour les opérateurs très peu qualifiés du site, en termes de formation et de préparation à leur retour sur le marché de l'emploi.

Comment faire ?

Par le dialogue, en accommodant une part d'officiel et d'officieux.

C'est ainsi qu'a pu s'ouvrir un dialogue – discret – entre le directeur et les organisations syndicales. Ce dialogue permet de reconnaître officieusement l'imminence de la fermeture du site, sans la partager à l'extérieur.

Il permet ensuite de mettre au cœur de l'action la formation des salariés. Ces formations sont présentées comme anticipant de futures évolutions vers d'autres postes, sur le site ou dans le groupe.

Mais personne n'est dupe, et que ces opportunités d'évolution soient fictives devient sans importance, tant qu'il s'agit d'engager les salariés dans une dynamique de repositionnement professionnel et de leur permettre de se préparer aux effets de la future suppression de leur poste.

*

À la rencontre de dilemmes de métier – la meilleure façon de résister à la tentation est d'y céder : le « *no e-mail Friday* ».

La consultation et l'envoi d'e-mails personnels au travail, et professionnels dans nos temps personnels, participent à accroître la porosité entre notre vie privée et notre vie professionnelle.

Avec des effets parfois délétères.

Les règles du droit du travail cherchent à préserver la part personnelle de notre vie de son envahissement par sa part professionnelle.

Pour bien faire, et probablement pour en tirer un bénéfice en termes d'image, un des cinq grands cabinets de conseil anglo-saxons, au début des années 2000, s'était montré en exemple, communiquant largement sur l'interdiction et le blocage de l'envoi de mails du jeudi soir minuit au dimanche soir minuit : le « *no e-mail Friday* ».

La mesure a rapidement montré son inadaptation à l'activité, en générant toute une série de comportements « déviants » et finalement nuisibles, autant à la santé qu'à la performance des consultants, en les chargeant d'une importante dose de stress.

Très vite, les effets problématiques de ces dérives se sont accumulés : surutilisation des messageries dans les nuits du jeudi au vendredi et du dimanche au lundi, utilisation parallèle d'adresses mail personnelles (induisant de graves problèmes de sécurité et de confidentialité), impossibilité de travailler efficacement le vendredi, accumulation de frustration dans les équipes et d'importantes tensions managériales...

Un beau dilemme de métier, largement partagé :

- S'il est dangereux de laisser se confondre activités personnelles et professionnelles...
- ... il l'est tout autant de chercher à parfaitement les dissocier.

La solution se trouve dans la transgression subtile, discutée, de la règle essentielle qui veut que le temps du travail, rémunéré, sous la responsabilité de l'employeur, soit parfaitement isolé du temps hors travail.

*

<u>À la rencontre de dilemmes de métier</u> : tous en télétravail ?

Quel plus beau dilemme de métier que le télétravail ?

Jusqu'en mars 2020, directions, managers, organisations syndicales, salariés, tous – à de rares exceptions – se tenaient face au télétravail « *comme une poule qui a trouvé un couteau* »… sentant à la fois que sa diffusion offre une belle opportunité d'évolution, avec une solution à bien des maux actuels… mais sentant aussi qu'il s'y trouve de nombreux risques : qu'il s'agisse par exemple de perdre le contrôle des équipes ou de laisser la vie professionnelle envahir la vie personnelle.

Le dilemme se trouve dans le choix entre :

—   Développer le télétravail et bouleverser des modalités de travail déjà difficiles à maîtriser, au risque de les aggraver.
—   Renoncer au télétravail et renoncer aux gains qu'il apporterait, au risque d'aggraver les risques déjà présents.

Sur ces dernières années, j'ai pu constater qu'en général, les acteurs concernés apportent à ce dilemme l'une des deux réponses suivantes :

—   Ne rien faire, arguant des risques du télétravail pour stopper toute négociation sur le sujet.
—   Faire, mais sans remise en cause des habitudes de travail. Le travail se poursuit, comme avant, mais à distance. Et notamment la relation managériale, dont les fondamentaux ne sont pas revisités à l'aune du télétravail.

L'une comme l'autre, ces réponses s'avèrent frustrantes, pour tous. Soit le télétravail, à la manière d'un obstacle, est refusé. Soit il est déployé sans ajustement de l'environnement, avec lequel il entre alors en conflit, générant des dysfonctionnements en chaîne.

Le confinement de mars 2020 a tout bousculé, avec une brutalité jusqu'ici inimaginable. Du jour au lendemain, ce sont tous les salariés (et non quelques-uns) qui doivent (ce n'est plus une option) télétravailler, cinq jours sur cinq (et non à temps partiel). Tous les salariés et bien souvent toute leur famille : les parents et les enfants avec lesquels ils partagent le même toit et des écrans souvent en nombre insuffisant.

Quelle évolution, quels retours d'expérience, après cette pratique « massive » et imprévue du télétravail ?

On a entendu beaucoup de commentateurs.

... et donc beaucoup de commentaires... pour aboutir à des conclusions dont on peut remarquer qu'elles sont le plus souvent tranchées (mais si elles ne l'étaient pas, peut-être attireraient-elles moins l'attention ?) :

—   Le confinement a permis, nous affirment certains, de consacrer l'intérêt formidable du télétravail : tous en télétravail.
—   Le confinement a permis, nous affirment les autres, de confirmer le contrôle délétère du télétravail sur la vie privée, submergée par la vie professionnelle : empêchons le télétravail.

Le dilemme est toujours là.

Peut-être même plus marqué encore qu'avant l'expérience du confinement.

Et comme pour tout dilemme de métier, la réponse se trouve plus dans l'approche que dans la doctrine. Des entreprises l'avaient même mis en œuvre avec succès bien avant le confinement.

Dans celles-ci, j'avais eu l'occasion de rencontrer des télétravailleurs parfaitement épanouis : subordonnés comme managers. Pas du tout isolés, bien au contraire. Travaillant dans des collectifs de travail dynamiques et solidaires : collègues, hiérarchies, clients, partenaires, fournisseurs, en France comme à l'étranger.

Mieux encore, ces télétravailleurs y démontraient un très fort engagement, à la dimension de leur attachement à leur entreprise et à son projet.

Car comme avec tout dilemme de métier, il convient de résister à l'envie initiale d'y répondre par oui ou non : jeter ou garder, interdire ou généraliser.

Bien plus difficile : il faut d'abord évaluer, élaborer collectivement l'intérêt qu'il y aurait à ajuster les conditions de travail pour faciliter le zèle des travailleurs. Et dans ces évolutions, quelles contributions le télétravail peut-il apporter ?

Bien ou pas bien, le télétravail ?

Formulée de cette manière, la question ne présente aucune forme d'intérêt. Savoir si chacun dispose des meilleures conditions pour faire – avec zèle – du travail de qualité est la seule question qui vaille. En cherchant à y répondre, le télétravail apparaîtra peut-être comme une hypothèse à étudier.

Pour faire face à ces dilemmes de métier, nous devons pouvoir compter sur notre collectif de travail.

Le collectif de travail, pour affronter les dilemmes de métier

S'il n'existe pas de collectif de travail, alors les dilemmes ne sont pas discutés. Chacun s'arrange pour faire avec, avec plus ou moins de succès et plus ou moins de frustration. Ces arrangements sont clandestins. Lorsque la hiérarchie aborde le sujet, elle le fait probablement par un rappel strict de la consigne, et sans accepter ou chercher à regarder au-delà. De leur côté, lorsque les équipes abordent le sujet, c'est pour réclamer l'abolition pure et simple de la consigne. Il faut y voir des stratégies de défense, de positions, idéologiques.

Mais s'il existe un collectif de travail, alors ces dilemmes sont discutés. Les consignes sont maintenues, le cas échéant ajustées, pour s'accommoder au mieux des transgressions que la hiérarchie sait ne pas pouvoir empêcher. Le travail est vivant, certaines transgressions sont même avouées et viennent alimenter le débat.

Lorsque nous n'avons pas de collectif, nous nous tenons seuls face à nos dilemmes de métier. Les inévitables entorses aux consignes nous font prendre des risques difficiles à assumer. Et si nous renonçons à transgresser les consignes, nous acceptons alors de « moins bien travailler ». À contrecœur et à notre corps défendant.

C'est une situation qui à la longue va nous rendre malades, comme elle rend malade aujourd'hui un grand nombre de salariés qui ne disposent plus ni de collectifs de travail ni de l'autonomie suffisante pour gérer quotidiennement leurs dilemmes de métier.

Et nous, avec qui travaillons-nous ?

Nous ne devrions jamais être isolés au travail.

Il peut nous arriver d'être seuls physiquement, à notre bureau, dans les transports, face à notre client, ce n'est pas pour autant que nous sommes isolés.

C'est l'une des ressources qu'apporte notre collectif de travail : il ne nous quitte jamais, nous l'emportons avec nous, en permanence, partout.

*

Identifiez ceux avec qui vous confrontez vos manières de faire, en confiance, même lorsque par nécessité elles ne s'accordent pas strictement aux consignes... Identifiez tout particulièrement ceux avec qui vous engagez la discussion, sincèrement, sur vos manières de gérer vos dilemmes de métier, vos transgressions.

Ils composent votre collectif.

Votre collectif, ou plutôt vos collectifs, en fonction par exemple de votre métier (vos pairs qui occupent les mêmes fonctions que les vôtres), de votre localisation géographique (ceux avec qui vous partagez le même espace de travail, ou le même périmètre d'activité), de votre niveau hiérarchique, de votre formation (les anciens des stages et formations que vous avez suivis), de votre ancienneté (ceux qui ont intégré l'entreprise en même temps que vous), de certaines rencontres qui ont pu vous marquer (mentors, enseignants, coachs), de vos réseaux amicaux et familiaux...

Notre collectif est composé de l'agrégation de tous ces collectifs, qui ont fourni et peuvent encore fournir des occasions d'échanges sur nos manières de faire les plus personnelles, sur le contenu de nos boîtes noires, sur nos transgressions préférées.

*

Le collectif ne se développe qu'à partir de dialogues sur nos manières de faire, notre zèle. Il s'initie le plus souvent en face à face, mais peut tout autant s'établir à l'occasion d'échanges à distance, qu'il s'agisse d'échanges téléphoniques, ou par écrit.

La vitalité de ce collectif résidera ensuite dans la capacité de ses membres à entretenir et à reprendre ces dialogues dans le temps.

Le dialogue est donc une composante clé du collectif.

Et il faut aussi compter, et c'est l'un des points les plus essentiels pour la vigueur du soutien que nous apporte le collectif, sur « l'intériorisation » de ces dialogues.

De quoi s'agit-il ?

Le collectif fonctionne grâce aux dialogues qui s'y engagent, dans le sens le plus commun du terme. Il s'agit de dialogues « extérieurs » : ils se déroulent à voix haute, par oral, ou par écrit. Très simplement, les interlocuteurs débattent entre eux. Ce dialogue extérieur portera sur le métier et les manières de faire, et tout particulièrement celles, réelles, qui peuvent compléter les consignes et parfois s'en éloigner.

Ce dialogue extériorisé par des éléments audibles ou lisibles s'appuie en réalité sur notre dialogue intérieur : celui-ci est en revanche muet pour l'observateur extérieur puisqu'il se déroule en nous. C'est le dialogue toujours en cours de nos pensées, intarissable.

Le dialogue intérieur nous anime ; grâce à lui, nous élaborons sans nous en rendre compte nos pensées.

Mais par définition, pour dialoguer, il faut être plusieurs, au moins deux. C'est pourquoi, si vous observez attentivement votre dialogue intérieur, vous allez y distinguer d'autres participants que vous-mêmes !

Vous allez y repérer des interlocuteurs, ceux que vous avez retenus pour qu'ils aient leur mot à dire dans le fil de vos pensées, et qu'ils vous apportent leur soutien ou leur contradiction. En tout cas, leur point de vue.

Nous sommes habités par ces dialogues, que nous poursuivons en permanence « en nous ».

Dans ce dialogue intérieur, nous retrouvons notre collectif de travail qui occupe une place particulière parmi tous les interlocuteurs que nous avons intériorisés.

Actuellement, à l'instant où vous lisez ces mots, votre dialogue intérieur vous amène peut-être à échanger avec moi, l'auteur de ces lignes ? Ou avec celui qui vous a donné l'idée de les lire ? Ou avec un ancien collègue, ami, chef, avec lequel vous avez pu un jour aborder ces questions ? Ou un autre auteur dont les textes feraient écho à ces réflexions ?

Autant de personnes bien réelles, que vous avez à leur insu et à la vôtre intériorisées pour qu'elles contribuent au flux de vos pensées en cours.

Seuls... tous ensemble !

Nous sollicitons notre collectif de travail dans notre dialogue inté-rieur dans l'instant de l'action, lorsque le besoin s'en fait sentir.

Le collectif est ainsi mobilisable tout le temps, partout. Il se tient à notre disposition, à toute heure et en tous lieux. N'est-ce pas ex-traordinaire ?

Si le dialogue avec le collectif a débuté à l'oral ou à l'écrit, mais en tout cas de façon extériorisée, nous usons de notre faculté d'en reprendre le cours intérieurement dès que nous en ressentons le besoin : au cours même du déroulement de notre travail, à cha-cune des décisions, aussi infimes soient-elles, que nous avons à prendre.

Dans ces dialogues intérieurs, nous appelons, convoquons sans nous en rendre compte ceux qui, dans notre collectif de travail, nous semblent les plus pertinents pour nous aider à faire preuve de zèle dans l'instant de l'action : de manière instantanée, fugace, ou plus prolongée, et le plus souvent de façon parfaitement in-consciente. C'est en prenant conscience de ce dialogue intérieur avec le collectif que nous apparaît son contenu, et nos interlocu-teurs.

Cela explique que même lorsque nous sommes – physiquement – seuls au travail, et que nous pensons travailler seuls, nous ap-puyons notre zèle sur nos dialogues incessants – intériorisés –, avec les interlocuteurs les plus pertinents – dans l'instant – rete-nus parmi tous ceux qui composent notre collectif.

*

Avec le temps, nous en arrivons à repérer pendant notre travail d'où nous viennent certains de nos idées, mots, observations, réactions. Nous apprenons à identifier, au cours même de l'élaboration de nos idées, avec qui elles se confrontent, s'étayent... Toutes nos pensées s'élaborent dans nos dialogues intérieurs, en ranimant d'anciens dialogues, en les confrontant entre eux, avec nous, avec la complexité de la situation présente, le dialogue – extérieur celui-ci – peut-être en cours avec notre ou nos interlocuteurs du moment, pour avancer vers de nouvelles idées, accordées à la situation du moment.

Ce dialogue intérieur est souvent fugace. Nous l'ignorons le plus souvent, bien qu'il soit permanent chez chacun d'entre nous.

En analysant notre dialogue intérieur, nous prenons la mesure de notre collectif et du poids de son soutien. La vitalité de notre travail en dépend.

Mais cette analyse pourrait aussi révéler l'absence ou l'insuffisance de notre collectif, ce qui peut expliquer des difficultés dont nous pourrions souffrir.

Imaginons celui qui perdrait cette possibilité de dialogue sur son travail. Comment pourrait-il bien travailler, s'il n'a personne en qui avoir suffisamment confiance pour appuyer et confronter ses décisions, ses choix d'action ?

*

Le dialogue intérieur ne doit pas être regardé comme un concept « hors-sol », abstrait. Il s'agit d'un mécanisme tout à fait concret, dont la matérialité s'observe tout simplement dans les effets qu'il a sur chacune de nos pensées, chacun de nos raisonnements, chacune de nos paroles et de nos actions.

La moindre de nos actions résulte d'un dialogue intérieur en cours.

Il n'est pas si facile de l'admettre. Nous croyons toujours être seuls à l'origine de nos pensées et de nos actions. Ce n'est pas le cas. Nous en sommes l'auteur unique, mais après avoir échangé intensément avec ceux avec qui nous faisons collectif.

Nos dialogues et nos actions sont profondément marqués par les contributions diverses de nos collectifs de travail à qui nous les empruntons en les adaptant, en les améliorant à notre façon.

Ce que nous disons est donc toujours en tout ou partie la réutilisation d'un discours que nous empruntons (à qui ?), discutons intérieurement (avec qui ?) avant d'en finaliser l'élaboration et de l'oraliser pour le partager avec d'autres.

Nos paroles ne nous appartiennent en réalité que pour une partie bien plus minime que nous ne le croyons…

Nous en partageons toujours la propriété avec d'autres.

*

Dialogues et collectifs sont les ressources les plus efficaces pour développer nos façons de faire et, au travers de cette mise en mouvement, pour accroître notre engagement vers toujours plus d'épanouissement.

Ces ressources nous accompagnent partout, restent disponibles autant que nous le souhaitons au travers de la mobilisation que nous faisons de notre collectif de travail, dans le cours de nos dialogues intérieurs et extérieurs.

Attention cependant, le dialogue intérieur n'existe qu'en étant la reprise d'un dialogue extérieur – lui – bien « réel ».

À l'origine de nos collectifs de travail se trouvent donc les opportunités que nous avons pu provoquer, ou dont nous avons pu profiter, de rencontres avec des interlocuteurs bien réels, avec lesquels il a été possible de partager des bouts de boîtes noires. D'abord physiquement, par des dialogues extérieurs ou à partir de supports écrits, vidéo ou audio, que nous avons ensuite intériorisés.

Le dialogue intérieur n'est pas un dialogue avec soi-même. C'est un dialogue en soi-même, avec les traces et les auteurs de dialogues passés que nous mobilisons en les rappelant à nous.

*

Nous avons notre part de responsabilité dans l'existence, la nature, la dimension, la composition de nos collectifs de travail. Par les contacts que nous établissons, et par nos tentatives pour mettre en discussion nos manières de faire et les transgressions qu'elles impliquent.

C'est pour cette raison que le collectif ne doit jamais cesser de se développer dans le « monde réel » : en nombre d'interlocuteurs bien sûr, mais surtout en termes d'échanges sur nos pratiques, qui ne doivent jamais s'interrompre, pour toujours alimenter notre besoin cognitif, psychique et social de maintenir vivant notre travail.

La ressource des dialogues intérieurs et des collectifs de travail n'existe que parce qu'avant, nous nous sommes attachés à développer un dialogue extérieur, avec ce collectif, « en vrai », dans le « monde réel ». Nos dialogues intérieurs n'existent que parce qu'ils sont la prolongation des dialogues extérieurs auxquels nous avons participé.

*

Faites vous-même l'exercice, à partir d'une situation vécue actuelle, peut-être même à la lecture de ces lignes : qui sont les interlocuteurs de votre dialogue intérieur ?

Commencez par vous représenter votre environnement professionnel et vos principales manières de faire, peut-être celles que vous pensez le mieux vous caractériser, ou celles dont vous êtes le plus fier, et qui probablement vous différencient de vos homologues, celles qui parfois ne sont pas strictement dans le cadre des règles mais vous permettent de faire un meilleur travail et de gagner en performance et en qualité :

- Avec quels interlocuteurs les partagez-vous, ou les avez-vous partagées ?
- Avec quels interlocuteurs ne les partagez-vous qu'avec prudence ?
- Avec quels interlocuteurs vous abstenez-vous de les partager ?
- Parmi ces interlocuteurs, avec lesquels poursuivez-vous ces partages au travers de dialogues extérieurs ? Intérieurs ?

Vous vous trouverez probablement entre l'un ou l'autre de ces deux extrêmes :

- Le cas de salariés que l'on penserait isolés, mais qui bénéficient en réalité d'un puissant *collectif de travail*. Par exemple, ces salariés d'une entreprise de service numérique internationale : en télétravail, donc physiquement parfaitement seuls chez eux, ils témoignent pourtant de leur immense satisfaction d'appartenir à des collectifs très larges, composés de leur équipe, de leur management, de leurs clients, avec lesquels ils échangent en grande confiance quotidiennement, en visio ou par téléphone.

— Le cas de salariés que l'on penserait intégrés dans un large *collectif*, mais qui apparaissent en réalité très isolés. Par exemple, ces managers rencontrés dans ces environnements très compétitifs, qui affichent une forte cohésion de façade, mais qui masquent en réalité un travail très isolé du fait d'une rivalité forte et d'une importante défiance entre pairs.

Notre santé au travail et notre niveau d'engagement personnel, d'épanouissement, de performance, dépendent en grande partie de notre capacité à étendre notre collectif de travail.

Cela demande de rechercher et de créer les conditions d'une coopération en confiance avec l'autre.

*

Nous pouvons donc être physiquement isolés, mais travailler avec le soutien de nombreux collectifs de travail.

À l'inverse, nous pouvons physiquement travailler au sein d'une équipe nombreuse, mais nous y trouver très isolés.

Et bien sûr, l'efficacité du collectif ne dépend pas de la bonne entente du groupe : veillons à ne jamais confondre convivialité et collectif.

Ces nuances expliquent la difficulté qu'il y a à diagnostiquer correctement l'existence ou l'absence de collectif, pour en tirer des enseignements justes pour l'action.

L'autre, partenaire indispensable de notre épanouissement

Notre regard sur notre travail n'a de valeur que s'il est confronté au regard de l'autre.

À ne compter que sur notre regard pour évaluer notre zèle, nous finissons inévitablement par répéter et entretenir nos anciennes manières de faire. Nous nous épuisons, nous usons à force de répéter nos mêmes gestes. Nous nous déclassons, professionnellement et personnellement, en laissant ceux qui auront su – eux – faire évoluer leurs pratiques nous dépasser.

L'autre nous apporte son regard critique et distancié sur notre travail, comme nous lui apportons le nôtre sur le sien.

C'est ce qui se joue dans le collectif, grâce aux interrelations individuelles, et à nos débats conflictuels sur nos transgressions.

Mais plus encore que l'autre, ce sont LES autres qu'il faut aller chercher. À plusieurs, nous élargissons immédiatement le nombre et la variété des points de vue : entre eux, et entre le nôtre et chacun d'entre eux.

C'est là tout ce qui se joue dans et grâce au collectif.

*

Il nous revient de réunir ces autres, d'élargir au fil de nos rencontres personnelles et professionnelles la liste de ceux que nous allons laisser rejoindre notre collectif de travail.

Nous avons une large part de responsabilité dans la constitution de ce collectif.

L'entreprise et l'organisation ont aussi la leur, bien sûr.

Ces dernières doivent faciliter, prévoir, accepter, encourager ces controverses collectives, en faisant en sorte qu'elles restent toujours centrées sur notre travail. Le management devra accepter d'entendre dans ces échanges les transgressions, assumées ou seulement envisagées, indispensables pour ajuster les consignes aux réalités.

L'organisation facilitera ainsi l'extension des collectifs, de plus en plus nombreux, et de plus en plus actifs et enrichissants, qui participeront au développement du travail des équipes. Ces équipes, et chacun de leurs membres, développeront de la confiance, de l'engagement, de l'innovation et de la performance.

*

La hiérarchie tient un rôle clé dans cette mise en mouvement.

Elle devra aussi se rappeler – toujours – que l'engagement de chacun dans cette démarche doit rester absolument volontaire.

Il lui faudra aussi s'assurer que pour ceux qui y participent :

— Les risques associés à ces échanges sont maîtrisés. Lorsque la parole se libère avec les pairs, managers, collègues, il doit être fait bon usage de ces échanges approfondis sur le travail et de ce qu'ils peuvent alimenter comme désaccords.

— La discussion demeure bien dirigée sur le travail (le « comment faire »), le travail et rien que le travail... et non, comme le veulent nos tendances spontanées, sur les personnes, le passé et ses erreurs, les recherches d'explications, de responsabilités, de coupables...

L'engagement des deux points qui précèdent nécessite souvent, pour une mise en œuvre réussie, l'accompagnement d'un professionnel capable d'animer la transformation qu'elle implique.

En conclusion : le secret de ceux qui n'envisagent plus de travailler moins mais de s'engager plus

« Être heureux, c'est un travail à plein temps. »

Pierre Perret

En conclusion : le secret de ceux qui n'envisagent plus de travailler moins mais de s'engager plus

Si nous réunissons les conditions suffisantes pour que notre travail s'épanouisse, alors seulement nous nous y épanouissons, sans effort.

Lorsque nous allons mal « au travail », ou « à cause du travail », c'est avant toute chose que notre « travail va mal ». C'est lorsque notre travail ira mieux que nous irons mieux. Et non l'inverse... Arrêtons de penser qu'en prenant « du recul » ou « des vacances », les choses finiront par s'arranger.

Gardons-nous pour autant de sous-estimer l'enjeu : un travail abîmé abîme ceux qui le font, lesquels finissent par dépit par abîmer plus encore leur travail, en le sabotant... Un cercle terriblement délétère, où l'on ne trouve que des perdants : les travailleurs atteints dans leur santé, l'entreprise atteinte par des difficultés de performance, des clients atteints par les effets de problèmes de qualité.

Pour que notre travail aille mieux, il suffit dans une première étape de l'envisager non plus par le résultat atteint, mais par la manière avec laquelle nous l'atteignons : notre zèle.

Il suffit ensuite de disposer de collectifs de travail, et de moments d'échange suffisants avec eux pour y partager nos manières de faire.

La confiance dans et avec ce collectif va nous permettre de placer au cœur de ces échanges ce qui nous préoccupe le plus : nos dilemmes de métier et nos transgressions. Sans lesquelles nous ne pouvons pas faire le bon boulot dont nous sommes fiers, et qu'attendent de nous nos clients, collègues, subordonnés et supérieurs hiérarchiques.

Rapidement, ces échanges vont se compléter, s'enrichir, se contredire, et alimenter un autre dialogue, bien plus essentiel encore : notre dialogue intérieur.

Dans ce dialogue intérieur, nous échangeons « dans notre tête » avec nous-mêmes, mais aussi et surtout, nous réutilisons des échanges vécus avec les membres de notre collectif de travail et les rediscutons intérieurement, en fonction de la situation présente.

Tant que notre dialogue intérieur dispose des conditions pour se développer, avec l'appui de notre collectif de travail, notre travail se développe, s'épanouit, et nous avec. Tout cela forme un système vivant, formidable vecteur de santé et d'épanouissement.

Et de performance.

*

Intégrer que le travail est vivant, c'est prendre conscience de cette possibilité que nous avons, absolument tous, de « développer » notre travail, pour nous développer ensuite nous-mêmes.

Ce devrait être une préoccupation de chaque instant.

Cette expression, « travail vivant », nous la devons à Karl Marx, qui opposait en son temps le travail « mort » des machines au travail « vivant » de l'ouvrier, avant que Christophe Dejours et les psychodynamiciens ne la reprennent et l'enrichissent.

J'aime aussi voir dans le travail une flamme, dont il est essentiel d'entretenir la vitalité. Y parvenir met en branle une mécanique vertueuse qui nous permet de garder la main sur notre évolution professionnelle et personnelle.

Cette dynamique réconcilie nos aspirations les plus profondes avec les enjeux de notre ou de nos métiers.

Garder notre travail vivant est vital, au sens premier : critique pour nous maintenir en bonne santé.

Il n'est pas nécessaire – comme c'est malheureusement trop souvent le cas – d'attendre d'endurer de la souffrance au travail pour en prendre conscience.

Il est déjà très tard pour agir, à vrai dire, lorsque nous constatons que notre empêchement à bien travailler nous conduit à nous désengager, à abîmer notre travail, à parfois le saboter envers et contre toutes nos envies fondamentales de faire du bon boulot.

Il est même déjà bien tard pour le faire lorsque nous observons chez nous de la démotivation, lorsque nous sommes pris à partie dans des conflits personnels répétitifs, lorsque notre trajectoire professionnelle devient impasse professionnelle.

Il n'est jamais trop tard pour agir, dit-on ? Nous serions mieux avisés de retenir qu'il n'est surtout jamais trop tôt pour agir.

*

Il n'en demeure pas moins particulièrement nécessaire de passer à l'action lorsque nous observons sur nous-mêmes des signes d'épuisement professionnel, ou lorsque notre entourage s'en inquiète.

Lorsque des angoisses, de l'anxiété, des pensées morbides s'installent.

L'urgence est la même lorsque nous constatons des agissements qui s'apparentent à des actes de harcèlement, envers nous-mêmes, ou de notre part envers autrui, ou lorsque nous sommes contraints par la consigne à flirter avec la légalité, avec nos valeurs : lorsque la transgression raisonnable qui nous permet de bien travailler devient transgression réglementaire et nous met hors la loi. Ou en danger.

Ce sont des indices à considérer avec attention, qui suggèrent que nous travaillons dans un environnement où le travail est gravement abîmé. Et dans lequel nous finirons rapidement par nous abîmer nous-mêmes.

Les témoignages des rescapés de burn-out ou des épuisés du travail sont là pour en témoigner.

S'installer au chevet de son travail lorsqu'il a perdu de sa vitalité, pour le réanimer, devient dans les pires des cas plus qu'une question de santé, une question de survie.

*

Si nous avons su garder vivant notre travail, dans la durée, et nous tenir parmi ceux qui s'épanouissent au travail, qui s'y réalisent, nous pencher sur notre travail nous permettra simplement de maintenir et d'accentuer toujours plus notre épanouissement.

Cela nous autorisera aussi à anticiper un avenir par nature (de plus en plus) incertain, qui n'évitera pas un jour de nous contraindre au changement, ou tout au moins à l'adaptation.

Agir, plutôt que subir.

Anticiper, plutôt que rattraper.

*

Quelle que soit notre motivation à développer notre travail, cela nécessite un travail en soi : un « travail sur notre travail », dit-on... Difficile à mettre en œuvre car nous n'y sommes en général que peu préparés.

Nos réflexions sur notre évolution professionnelle restent trop fréquemment encadrées par des consignes bien intégrées : il s'agit de trajectoires professionnelles difficiles à remettre en cause, induites par notre formation, nos injonctions familiales et sociales, nos premières expériences professionnelles, nos peurs...

Il ne tient qu'à nous d'accepter une nouvelle consigne, plus forte que toutes les autres : chercher, trouver, construire, puis faire évoluer notre trajectoire – personnelle – qui nous permettra de nous épanouir. Le projet de vie peut alors commencer à être efficacement envisagé.

Il ne s'agit pas d'une injonction de réussite.

Il ne s'agit pas non plus de nier la peur, l'inquiétude, la fatigue, l'échec : inévitables.

Il s'agit de renouer avec un élan, l'envie de nous épanouir, et en particulier dans et grâce à notre travail.

Cette consigne de poursuite d'un épanouissement au travail ne doit pas être optionnelle. Elle est essentielle.

En achevant l'écriture de ces pages, j'espère vous avoir convaincu que comme toute consigne, nous ne pouvons l'atteindre telle quelle.

Cela nous demande de faire preuve d'imagination et de transgression, d'apprendre à toujours plus innover et jouer avec nos trouvailles.

Jouer avec nos trouvailles, pour jouer avec nos réalités, et imaginer ce qu'il nous est possible d'y faire. Ou de ne pas y faire.

Cela, vous l'aurez compris, ne veut pas forcément dire passer beaucoup de temps au travail, mais signifie travailler beaucoup, d'un travail dont nous aurons respecté sa nature première, en y libérant toute notre capacité à faire du zèle.

*

Il ne s'agira pas – bien sûr – pour autant de confondre cette consigne d'épanouissement avec l'une de ces aspirations « magiques » qui fleurissent au fil des publications de développement personnel qui veulent nous convaincre que « *vouloir, c'est pouvoir* », que « *renoncer à ses peurs ouvre la voie à tous les possibles* ».

Il s'agit plus sérieusement, beaucoup plus difficilement, mais tellement plus efficacement, d'appliquer à notre épanouissement professionnel cette dynamique du zèle :

– Acceptons tout d'abord de nous « prescrire » d'envisager notre vie professionnelle sous l'angle de l'épanouissement (et non uniquement sous l'angle habituel de la quête de sécurité financière et d'un emploi).

- Acceptons que la réalité ne fasse pas grand-chose pour faciliter la réalisation de cette prescription, bien au contraire : s'il suffisait de s'ordonner de s'épanouir au travail pour y parvenir, cela se saurait…
- Organisons-nous ensuite pour être en capacité de développer et d'investir tout notre zèle pour atteindre cette ambitieuse prescription : c'est à ce moment que nous allons pouvoir compter sur notre collectif de travail, comme nous l'évoquions plus haut.

Il faudra aussi composer avec les difficultés, en nous rappelant que cela ne se fait pas sans de nombreux et longs efforts, et une part de créativité.

Le chemin de l'épanouissement n'est tracé pour personne, et reste le fruit des trouvailles et des transgressions de chacun, selon nos situations personnelles, toutes singulières.

La réalité nous rappellera aussi que nous devons nous confronter à l'échec, tomber et nous remettre en selle autant de fois qu'il le faudra, et ajuster régulièrement nos projets.

Nous devrons aussi ne pas fuir la confrontation à notre collectif de travail, qu'il nous faudra remercier de nous confronter à ses points de vue, évidemment souvent différents, sur notre zèle et nos transgressions.

C'est par cet enchaînement que nous nous épanouirons, tout au long de notre vie professionnelle.

*

Le travail est bien une matière vivante.

Nous n'avons qu'une vie.

Mais il ne tient qu'à nous d'y faire s'y succéder des vies professionnelles plurielles, évolutives, cohérentes, passionnantes : grâce à nos transgressions.

*

*Vous trouverez sur le site de l'auteur les interviews de profession-
nels qui ont bien voulu partager leurs plus belles transgressions :*

— *www.travailvivant.fr*

*Vous contribuerez aussi à élargir la communauté de « ceux qui veu-
lent s'épanouir au travail », en partageant avis et retours de lecture :*

— *Chez vos libraires « physiques ».*
— *Chez vos libraires en ligne.*
— *Sur les réseaux sociaux.*

*Pour échanger, ou si vous aviez l'envie de participer à une inter-
view autour de vos pratiques professionnelles et de l'ouvrage,
n'hésitez pas à vous mettre en relation avec l'auteur :*

— *www.linkedin.com/in/christophe-genthial*
— *Par mail : christophe.genthial@travailvivant.fr*

Édition : BoD – Books on Demand, 12/14 rond-point des Champs-Élysées,
75008 PARIS
Impression : BoD – Books on Demand, Norderstedt, Allemagne
ISBN : 978 2 3222 5485 9
Dépôt légal : novembre 2020

FSC
www.fsc.org

MIXTE

Papier issu
de sources
responsables
Paper from
responsible sources

FSC® C105338